ASCHENDORFFS SAMMLUNG
LATEINISCHER UND GRIECHISCHER
KLASSIKER

CICERO PHILOSOPHISCHE SCHRIFTEN

Band III

DE NATURA DEORUM

Bearbeitet von
ERNST BERNERT

Kommentar

VERLAG ASCHENDORFF
MÜNSTER

6. Auflage

Aschendorffsche Buchdruckerei, Münster Westfalen, 1973

ISBN 3-402-02044-0

A.

M. TULLI CICERONIS DE NATURA DEORUM AD M. BRUTUM

LIBER PRIMUS

Vorrede

Schwierigkeiten des Gegenstandes und Abwehr der gegen Ciceros philosophische Bestrebungen gerichteten Angriffe

Natura s. phil. Verz. *

Cum . . . explicatae sint, tum Der Konj. ist aus dem konzessiven Verhältnis der Sätze zu erklären. — **res** ein Kernwort der lat. Sprache und daher vieldeutig; es muß also bei der Übersetzung ein dem jeweiligen Sinn entsprechendes Subst. gewählt werden; hier: Gegenstand, Frage. — **in philosophia** attributiv; s. phil. Verz. — **perdifficilis** Der Elativ wird von Cic. gern durch die Verstärkung des Adj. mit ‚per' ausgedrückt. — **Brute** Durch diese Anrede wird dem B. die Schrift gewidmet. — **agnitio animi** s. phil. Verz. Da der menschliche Geist am göttlichen Wesen teilhat, wird durch die Erkenntnis der Gottheit auch die Selbsterkenntnis gefördert. — **religionem moderari** den Gottesdienst in das richtige Maß (modus) bringen, richtig einrichten (um den Aberglauben von ihm fernzuhalten). — **De qua** bezieht sich nicht auf das nächststehende Subst., sondern auf ‚quaestio'. — **discrepare** auseinandergehen, sich widersprechen. — **ut** 1 1

* Abkürzungen: s. phil. Verz. = siehe Verzeichnis der wichtigsten philosophischen Begriffe (am Schlusse des Kommentars). — s. Verz. d. Eig. = siehe Verzeichnis der wichtigsten Eigennamen (am Schlusse des Textbandes). — im D. = im Deutschen. — Cic. = Cicero. — scil. (scilicet) = ergänze.

. . . **debeat** Subjekt ist ein aus dem Hauptsatz leicht zu er-
gänzendes ‚discrepantia'. — **causa** (äußerer) Grund, Aus-
gangspunkt. — **principium** (innerer) Grund, Ursprung. —
inscientia s. phil. Verz. — **prudenter** (providere vorher be-
denken) mit Bedacht. — **assensionem cohibere** s. phil. Verz.
Der Verzicht auf eine Entscheidung war einer der Haupt-
grundsätze der neueren Akademie. — **temeritas** Leichtfertig-
keit, Unüberlegtheit (im Urteil). — **sapientis** s. phil. Verz.
— **constantia** s. phil. Verz. — **falsum sentire** falsche Begriffe
2 haben. — **exploratus** erkundet, sicher. — **Velut** So z. B.
(bezieht sich auf die ‚variae et discrepantes sententiae'). —
in hac quaestione scil. de natura deorum. — **quo** „wohin".
Die lat. Sprache verwendet mit Vorliebe Pronomina, wo die
deutsche Sprache zur Verdeutlichung ein dem Sinn ent-
sprechendes Subst. gebrauchen muß. Hier handelt es sich um
das Ergebnis der Unterredung. — **tanta sunt . . . dissensione**
zeigen eine so große Verschiedenheit und Uneinigkeit in
ihren Ansichten, sind in ihren Anschauungen so verschieden
und auseinandergehend. — **loca** Aufenthaltsort. — **actio**
vitae s. phil. Verz. — **deque his** scil. quaestionibus. —
summa . . . dissensione certatur wird mit leidenschaftlichem
Streit der Ph. gerungen, ein heftiger Meinungsstreit ist im
Gange. — **quod . . . continet** was . . . anbetrifft. — **res**
causaque Kernpunkt. — **nihil agere** nämlich in Bezug auf
sich selbst. — **moliri** (eine Last [moles] in Bewegung setzen)
Wirksamkeit entfalten (in Bezug auf anderes). — **res** (s. § 1)
hier: Welt, All. — **contra** Adv. — **principium** (nicht zeitlicher,
sondern ursächlicher) Anfang. — Mit **eaque** scil. dissensio
beginne einen neuen Satz! — **error** hier: Unsicherheit, Un-
klarheit. — **in maximarum rerum** (s. zu ‚res' § 1) **ignoratione**
im Zustand der Unwissenheit in den wichtigsten Fragen. —
versari (sich hin- und herdrehen) sich aufhalten, bleiben. —
2 **philosophi** vornehmlich die Epikureer. — **procurationem**
3 **habere** sich kümmern um. — **quae potest esse** welcher Art
kann sein, welchen Sinn kann haben. — **pietas** ehrfürchtige
Gesinnung gegenüber den Göttern, Gottesfurcht. — **sanctitas**

untadeliger Lebenswandel. — **religio** (nach außen sich zei-
gende) Verpflichtung gegen die Götter, Gottesverehrung. —
pure atque caste (Hendiadyoin) Ausdruck aus dem Kult. —
tribuenda . . . ita sunt, si kann nur dann . . ., wenn wirk-
lich . . . — **numen** (von ‚nuere' winken; vgl. II 4 nutu regen-
tem) Wink, Gebot, waltende Macht, Wesen der Götter,
Gottheit. — **aliquid** scil. boni. — **permanare** durchfließen,
hinfließen, einwirken. — **quid est, quod** fast gleich: quid est,
cur. — **cultus** Verehrung (in der Gesinnung) **honor** (durch
die Tat). — **In specie . . . fictae simulationis** (Pleonasmus)
In dem Trugbild eines leeren Scheins. — **item . . . non**
gleichfalls nicht, ebensowenig. — Beginne mit **‚cum qua'**
(Begründung zum folgenden Relativsatz) einen neuen Satz
und lasse ‚quibus sublatis' unübersetzt! „Da mit dieser
Tugend . . ., so folgt daraus, hat dies zur Folge." — **necesse
est** übersetze adverbial! — **haud scio an** ich weiß nicht, ob 4
nicht, vielleicht. — **societas** hier: „Gemeinschaftsgefühl". Das
Bewußtsein der Menschen, in gleicher Weise der göttlichen
Fürsorge teilhaftig zu sein, veranlaßt sie nach Cic., auch
untereinander Gerechtigkeit und Sorge walten zu lassen. —
unus beim Superl. verstärkend „bei weitem". — **alii philo-
sophi** Stoiker. — **et ii quidem** Das Pronomen bleibt vor
‚quidem' unübersetzt. — **mente atque ratione** (Hendiadyoin)
nach der Einsicht und dem Plan. — **consulere et providere**
(Hendiadyoin) in jeder Hinsicht sorgen. (Danach über-
setze auch später entsprechend!) — **quae . . . pariat** im D.
substantivisch. — **tempestates** Witterung. — **tempora** hier:
Jahreszeiten. — **quae . . . gignat** im D. substantivisch. —
maturata pubescere rechtzeitig heranreifen. — **colligere**
zusammenlesen, aufführen. — **ea ipsa** gerade diese Dinge.
— **usus** Gebrauch, Nutzen. — **fabricari** in künstlerischer Ab-
sicht schaffen. — **Contra quos** vornehmlich gegen den Stoiker
Chrysippus. — **ita** (zu ‚disseruit' gehörig) so eindringlich. —
doctus der philosophisch Gebildete; Gegensatz: **indoctus** der, 5
der allein nach seinem gesunden Menschenverstand urteilt.
— **dissidens** = discrepans s. § 1 — **profecto** (aus pro facto)

in der Tat, selbstverständlich. — **nulla** scil. vera sit. —
3 **potest** scil. fieri. — **unā** abl. comp. — **Qua quidem in causa** (aus dem Gerichtswesen) scil. tractanda bei der Behandlung dieser Streitfrage. — **obiurgatores** (Tadler), **vituperatores** (Nörgler) nicht Stoiker und Epikureer, sondern seine Landsleute. — **admonere** Einwendungen machen.
6 **Multum** (Stellung!) gehört zu ‚sermonem'. — **fluere** fließen, entspringen. — **quos . . . edidimus** Cic. hat seine philosophischen Schriften in den letzten beiden Lebensjahren verfaßt. — **sermo** Gesprächsstoff. — **admirantium** (verwundert fragen)... **cupientium** mache zu Hauptsätzen! — **aliquid certi habere** etwas für sicher, erwiesen halten. — **eam nobis** (dat. auct. statt ‚a nobis' grundsätzlich von Cic. bei ‚probari' so gebraucht) **potissimum** (gerade, ausgerechnet) . . . **philosophiam** die Lehre der Neuakademiker, der Cic. im besonderen anhing. — **lucem** (scil. hominibus) **eripere** „das Licht der Erkenntnis, die Sicherheit in der Erkenntnis nehmen". Die Neuakademiker entwickelten nicht so sehr eine Dogmatik als vielmehr eine Methode. — **quasi . . . quandam** (Pleonasmus) gleichsam eine Art. — **offundere** ergießen, ausbreiten über. — **disciplina** s. phil. Verz. — **desertaeque . . . relictae** Wörtlich zitierter Vorwurf der Gegner Cic.'s; vgl. § 11. Die Akademie hatte keine Anhänger mehr, da sich die Gebildeten den Stoikern bzw. Epikureern zugewandt hatten. — **patrocinium** (aus der Gerichtssprache) Verteidigung. — **a primo tempore aetatis** seit frühester Jugend. — **videbamur** scil. philosophari. — **sententia** Meinung, Ausspruch. — **florere** blühen, sich hervortun, in Ansehen stehen.
7 — **principes** s. phil. Verz. — **referri** sich beziehen. — **ratio**
4 **et doctrina** philosophische Bildung und Lehre. — **haec** (Pron. d. 1. Pers.) unsere philosophischen Erkenntnisse — **expedire** (Gegensatz: impedire) aus dem Wege räumen, erklären. — **otium** (durch Mangel an Staatsgeschäften erzwungene) Muße. — **languere** schlaff sein, untätig dahinleben. — **unius** nämlich Cäsars, dessen Namen er nicht nennt, um ihn nicht zu beleidigen. — **nostri homines** unsere

Landsleute. — **explicandam** scil. mihi esse. — **res** (s. § 1)
hier: Erkenntnisse. — **Latinis . . . linguis contineri** „in lat.
Sprache festgehalten werden, vorliegen". Der hier ausge-
sprochene Gedanke stammt ganz aus dem Geiste eines ‚vir
vere Romanus', der sein ganzes Verhalten nach dem Nutzen
für sein Vaterland ausrichtet. — **institutum** Beginnen, Tun. 8
— **quam multorum** Doch haben wir keine Kunde von diesen.
— **studium** Begierde, Lust. — **institutio** s. phil. Verz. —
accipere annehmen, lernen. — **quo in genere** in diesem
Punkt. — **tantum proficere** soviel Fortschritte machen, es so
weit bringen. — **ne verborum quidem copia** Gemeint ist die
philosophische Terminologie, die Cic. in der Tat den Rö-
mern geschenkt hat. — **vinceremur** Das Imperf. nach der
cons. temp., obwohl es sich um einen Konsekutivsatz handelt.
— **ad haec** scil. studia philosophiae. — **se conferre ad** sich 9
beschäftigen mit. — **animi aegritudo** seelisches Leid (nämlich
der Tod seiner Tochter Tullia i. J. 45). — **fortunae . . . iniu-
ria** Schicksalsschlag. — **commota** gehört zu ‚a. aegritudo'. —
cuius . . . maiorem aliquam levationem eine größere Er-
leichterung, ein stärkeres Linderungsmittel (nämlich: po-
litische Tätigkeit) hierfür (d. h. für dieses Leid). — **non . . .
potissimum** = minime. — **partes** nämlich Physik, Dialektik,
Ethik. — **totae** prädikativ. — **quaedam** (steigernd) sehr,
ganz. — **continuatio** Zusammenhang, ununterbrochene Reihe.
— **series** Reihe, Folge. — **nectere ex** anknüpfen an. (Beachte
die Verschiedenheit der Auffassung!) — **aptae colligataeque**
(Hendiadyoin) e n g verbunden. — **curiosus** (cura) besorgt, 10
neugierig. — **auctor** der philosophische Lehrer, der Vertreter
einer Lehre, Autorität der Person. — **momenta** (aus ‚movi-
menta' von ‚movere') Beweggründe — **quaerere** forschen
nach. — **qui...profitentur** (öffentlich [pro] ankündigen) =
doctores. — **habere ratum** für ausgemacht halten, als end-
gültige Wahrheit hinnehmen. — **ipse dixit** = αὐτὸς ἔφη. —
opinio praeiudicata vorgefaßte Meinung (Präjudiz = Vor-
urteil).

admirari = mirari. — **disciplina** s. phil. Verz. — **quattuor** 11
Academicis libris eine Schrift des Cic. — **desertarum . . .**

patrocinium vgl. § 4. — **lux auctoris** das vom Vertreter
einer Lehre ausstrahlende Licht. — **ut** (relativischer An-
schluß) so z. B. — **in philosophia** (attributiv zu ‚ratio‘)
s. phil. Verz. — **ratio** hier: Methode. — **res** (s. § 1) hier:
Frage, Problem. — **profecta a Socrate** Sokrates galt als
Urheber des Skeptizismus wegen seines Ausspruches, er
wisse nur das, daß er nichts wisse, und wegen seiner dialek-
tischen Methode, mit deren Hilfe er andere des Scheinwissens
überführte. Doch ist der Skeptizismus erst von der neueren
Akademie ausgebildet worden. — **repetere** wiederaufgreifen.
— **orbam** nach Philos (s. Verz. d. Eig.) Tode. — **tarditas**
„Langsamkeit, Schwerfälligkeit“. Die Lehre der Neuakade-
miker stellte an den menschlichen Geist große Anforderun-
gen. — **proponere** sich vorsetzen, zum Ziel setzen — **veri
reperiendi causa** Dies war allerdings das Ziel der neuen
Akademie, auch wenn sie zum Ergebnis gelangte, daß man
sich mit dem ‚verisimile‘ begnügen müsse, weil es an einem
Kriterium ermangele, auf Grund dessen man die Wahrheit
12 mit Sicherheit erkennen könne. — **Cuius rei . . . facultatem**
die Befähigung zu dieser Aufgabe. — **profiteri** offen be-
kennen, sich rühmen. — **secutum esse** scil. eam asyndetisch
angeschlossen, um den Gegensatz hervorzuheben „daß ich
aber . . .“. — **prae se ferre** von sich behaupten. — **ratio**
s. § 11. — **quod sequantur** woran sie sich halten können,
„Anhaltspunkt, leitender Gesichtspunkt“. — **alio loco** in den
erwähnten „Academica“ insbesondere IV 31. — **tardus** lang-
sam, schwerfällig, begriffsstutzig. — **ut . . . nota** (Kenn-
zeichen) „Kriterium“; (vgl. § 1) d. h. nicht, daß es keine
Wahrheit gebe, sondern nur, daß man sie nicht erkennen
könne. — **exsistere** sich ergeben. — **illud** folgender Grund-
satz. — **probabilis** s. phil. Verz. Ergänze „nur“! — **quae
quamquam** (relat. Verschränkung) . . . **tamen** (ungenaue
Konstruktion) ordne bei! — **percipere** s. phil. Verz. — **visus**
s. phil. Verz. — **iis** nimmt ‚quae‘ wieder auf = quibus
6 „wodurch“. — **Sed** bricht das Thema ab. — **invidia** üble
13 Nachrede. — **Quo quidem loco . . .** Bei dieser Gelegenheit müs-

sen ja . . . — **videri** übersetze mit „offenbar“! — **qui . . . iudicent** die ein festes Urteil aussprechen (im Gegensatz zu den Neuakademikern, die sich eines Urteils enthalten; vgl. § 1). — **Tum demum** Dann erst. — **Synephebi** Komödie des Cäcilius. Die Verse sind katalektische trochäische Tetrameter. — **Pro** Ausruf bei Gemütsbewegungen in Verbindung mit einer Anrufung der Götter. — **deum** = deorum. — **plorare atque implorare** (Wortspiel) weinend anflehen. — **levissima de re** in einer ganz leichten, unwichtigen Angelegenheit. — **fieri** übersetze als verbum finitum! — **amicus amans** Liebhaber. — **quibus nos praesumus** Cic. war seit d. J. 53 Mit- 14
glied des Augurenkollegiums. — **haec . . . referenda sunt** diese Punkte müssen bezogen werden auf, gehören zu. — **aliquid certi habere** s. § 6.

Einleitung

Äußere Veranlassung zu dem Gespräche

apud C. Cottam im Hause des C. — **sane** (steigernd) sehr. 15
— **feriae Latinae** ein uraltes Fest der Latiner zu Ehren des Juppiter Latiaris, mit Lustbarkeiten für das Volk; es dauerte vier Tage. In dieser Zeit ruhten alle Staatsgeschäfte, und die Staatsmänner hatten so Gelegenheit, sich völlig der Muße auf ihren Landgütern zu widmen. — **offendere** anstoßen, antreffen. — **exedra** Gesellschaftszimmer. — **primas** scil. partes die erste Stelle, Vorrang. — **nostri homines** s. § 7. — **in Stoicis** (neutr. plur.) in der stoischen Lehre. — **genus** Art, Fach, Lehre. — **Peropportune** s. zu ‚perdifficilis‘ § 1. — **non alienus** Litotes; Subjekt: te interesse. — **pro tuo studio** deiner Neigung entsprechend.

trium disciplinarum (s. phil. Verz.) der Epikureer, Stoiker 7 16
u. Neuakademiker. — **principes** s. § 6. — **earum quidem** (einschränkend) jedenfalls der Richtungen. — **Piso** der dann als Peripatetiker das vierte der damaligen Systeme vertreten hätte. — **mittere ad** schicken an, widmen. — **nihil est, quod** es gibt keinen Grund, daß — **quid sentias** im D. substanti-

visch. — **Egone?** scil. quid sentiam. — **diiungerent ... commiscerent ... differrent** im D. Präsens. — **honesta** s. phil. Verz. — **commoda** s. phil. Verz. — **ea** diese Begriffe (nämlich ,honesta' u. ,commoda'). — **genus** hier: Gattung. — **verborum . . . rerum . . . dissensio** Streit in Worten . . . in der
17 Sache. — **hoc alias** („an anderer Stelle", nämlich in „De finibus bonorum et malorum") scil. disputavimus. — **nunc** scil. disputemus id. — **si videtur** scil. vobis — **me intuens** auf ,Cotta inquit' bezogen. — **agere de** behandeln. besprechen. — **agebamus** Füge vorher hinzu: so wisse! — **ab eodem Philone** P. war der Lehrer beider. — **nihil scire** nach der neuakademischen Lehre. — **viderit** Das Fut. II in Hauptsätzen stammt aus der Volkssprache und bezeichnet, daß man dem anderen etwas zu überlegen überläßt. „wird C. wissen". — **nolo existimes** du aber glaube, bitte, nicht. — **adiutorem** — **auditorem** absichtlicher Wortanklang. — **nulla . . . necessitate astrictum** durch keinerlei Zwang gebunden. — **velim nolim** (konzessiv) ob ich will oder nicht. — **tueri** eintreten für.

Hauptteil

Der epikureische Gottesbegriff und seine Widerlegung

A. Vortrag des Epikureers Vellejus

8
18 **sane** s. § 15. — **isti** die Epikureer. — **ne dubitare . . . videretur** Bei den Epikureern galten die Lehren ihres Meisters als unumstößliche Glaubenssätze; s. II 73. — **modo** soeben, gerade. — **intermundia** (mundus) „Räume zwischen den Welten", wo die Götter wohnen und bei der Zerstörung der Welten sicher sind. — **futtitlis** (fundere) ausgießbar, unzuverlässig, unsicher. — **commenticius** (comminiscor, -mentus sum) ersonnen, erfunden. — **Audite . . . non opificem** Höret nicht von . . . — **Platonis de Timaeo deum** einen Gott aus Platons „Timaios". In diesem Dialog handelt Platon von Gott und der Erschaffung der Welt und nennt die Gott-

heit τέκτων oder δημιουργός. — **anus fatidica** (fatum + dicere) „Schicksal verkündende Alte“. In spöttischer Weise personifiziert fälschlich V. die πρόνοια der Stoiker, die aber bei ihnen nur eine Eigenschaft der Gottheit ist. Dafür wird er von Balbus II 73 f. zurechtgewiesen. — **mundum . . . deum** Die Welt war nach den Stoikern von einem feurigen (ardens) Aether als dem sie beseelenden Prinzip durchdrungen und war ihnen somit Gott. — **portenta** (Ausgeburten der Phantasie) **et miracula** (Wundermärchen) Apposition zu den vorhergenannten Ausdrücken „d. h. von . . .“ — **Quibus . . . oculis** 19
spöttisch, da er geistige Augen nicht anerkennt. — **vester Plato** auf den sich die Stoiker hier beriefen. — **fabrica** (kunstvolle) Schöpfung, Gestaltung. — **molitio** (das Inbewegungsetzen einer Masse ‚moles‘) Vorrichtung. — **vectis** (vehere) (Beweger) Hebel. — **munus** (eigentlich: Spende der Ädilen an das Volk, vornehmlich prächtige Bauten, wie Tempel, Theater, Säulenhallen usw.) Prachtbau. — **architectus** (s. § 18) Urheber. — **forma** hier: Gestaltungsprinzip. — **apte cadere ad** geeignet sein für. — **afficere animum** den Geist beeinflussen, auf den Geist einwirken. — **sensus parĕre** Sinnesempfindungen hervorrufen. — **ad omnia** scil. dicere gegen alles sprechen. — **invenire** (durch Forschung) finden, 20
erforschen. — **illa palmaria** (zum Siegespreis [der ein Palmenzweig war] gehörig, trefflich) scil. sunt ironisch (im D. ein anderes Bild, z. B.: „den Vogel aber schießt ab“). — Ordne: **quod is** (nämlich Platon), **qui.** — **primis . . . labris gustare** (sprichwörtlich: daher: ut dicitur) mit dem Rande der Lippen kosten, nippen. — **physiologia** Naturphilosophie (nicht wie heute die Lehre von den Lebenserscheinungen). — **qui . . . putet** kausal. — **nihil** (Akk. des Inh. = non) **sit extremum** (Ende) asyndetisch angeschlossen, um den Gegensatz hervorzuheben „zwar . . . aber“. Nach Plato hat die Welt keine materielle, sondern eine in dem Willen der Gottheit bestehende ewige Fortdauer. — **si est eadem** scil ac deus Platonicus. — **quae paulo ante** scil. requisivi. — **dissignatio** Bezeichnung. Plan. — **cur** Ergänze vorher „so frage ich“! —

mortalem Von Heraklit beeinflußt, lassen die Stoiker die
Welt durch einen Weltbrand vernichtet werden und in das
Urfeuer zurückkehren, aus dem sie dann aufs neue entsteht.
Die periodische Wiederkehr von Weltentstehung und -unter-
gang ist eine wichtige Lehre der Stoiker. — **Ab utroque**
9 21 Platon und Balbus. — **exsistere** sich aufstellen, auftreten. —
saeculum eigentlich: „Lebenszeit", hier allgemein: „Zeit"
(als Begriff). — **non enim . . . saecula non erant** man kann
nicht behaupten, daß es auch keine Zeit gab. — **ab infinito
tempore** von Ewigkeit, anfangslos. — **circumscriptio** Um-
schreibung, Begrenzung. — **spatio** (abl. lim.) an Ausdehnung
(die Anfang und Ende hat). — **in cogitationem cadere** (in
das Denkfeld fallen) gedacht werden, denkbar sein. — **ut
fuerit** tatsächliche Folge statt der nur gedachten = ut fuisse
22 intellegamus. — **attingere** betreffen, heranreichen. — **nec erat
ullus** (scil. labor. — **natura** hier: Naturkraft. — **signa** Stern-
bilder. — **lumina** Himmelslichter. — **tamquam aedilis** Die
Ädilen sorgten bei Festen für die Ausschmückung der öffent-
lichen Plätze, vielleicht auch für Beleuchtung und Illumina-
tion, obwohl dies nicht bezeugt ist; s. auch zu ‚munus' § 19. —
Si erg. mundum signis et luminibus ornavit. — **gurgustium**
23 Schlund, dunkles Loch. — **fere** gewöhnlich, insgemein. —
molitio s. § 19. — **improbi** werden hier die ‚stulti' genannt.
da ‚improbitas' und ‚stultitia', d. h. Mangel an Erkenntnis,
nach der stoischen Lehre identisch sind. — **deinde quod** setzt
‚maxime quod' fort. — **ita multa** stärker als ‚tantae' „der-
artig viel". — **stulti . . . praesentia** steht im Gegensatz zu ‚ut
ea . . . leniant'. — **compensitio** ausgleichende Gegenüber-
10 stellung. — **sapiens** verständig, mit Vernunft begabt. —
animi natura intellegentis das Wesen einer vernunftbegabten
Seele, eines vernunftbegabten Geistes. — **in figuram cadere**
24 die Gestalt annehmen. — **Nunc . . . hactenus** scil. dicam. —
admirabor Fut. nicht ‚admiraturus sum', obwohl V. hier das
Thema der nächsten Untersuchung angibt „ich werde meine
Verwunderung ausdrücken". — **tarditas** s. § 11. — **animan-
tem . . . beatum** Subj.: mundum (aus dem vorherigen Satz

leicht zu ergänzen). — **eundem** ‚idem' legt dem Nomen eine zweite Eigenschaft oder Tätigkeit bei „dazu noch". — **rotundum** prädikativ. — **Plato** im „Timaios" p. 33 B. — **cylindri** scil. forma. — **formosus** formvollendet, schön. — **isti** verächtlich. — **constans** feststehend, unwandelbar. — **insistere** sich hinstellen, Fuß fassen. — **Quodque** Ferner, was. — **minima ex parte** scil. corporis an dem kleinsten Körperteil, auch an einem nur kleinen Körperteil. — **affici** beeinflußt, behandelt werden. — **appulsus** Annäherung. — **exardescere** (-arsi) ausbrennen, ausdörren. — **abscessus** Entfernung. — Ordne: **quae** (scil. regiones), **quoniam . . . sunt, . . . dicenda sunt, si . . .**

Kritische Darstellung der Lehren

früherer griechischer Philosophen über den Gottesbegriff

Atque . . . quidem schließt den Gedanken ab. — **vestra** 25
d. i. die stoische Lehre. — **ab ultimo superiorum** d. h. vom ersten Philosophen. — **quaerere** s. phil. Verz. — **rerum** s. § 1. — **deum autem eam mentem** Dem Thales werden stoische Gedanken unterschoben; dieser Philosoph hatte an ein schöpferisches, göttliches Urwesen neben der Materie nicht gedacht; vgl. auch § 26. — **sine sensu et mente** s. phil. Verz. — **nativos** d. h. nicht von Ewigkeit her. — **longis . . . occidentesque** ebenfalls aus der stoischen Lehre unterschoben; denn Anaximander nennt den Urstoff, das ἄπειϱον, ἀγένητον καὶ ἄφθαϱτον. — **statuere** mit doppeltem Akk., dann mit a. c. i. = putare. — **quī** (alter Instr.) wie — **Post** Adv. — **aëra** 26
deum statuit trifft ebensowenig wie bei Thales (§ 25) zu. Die Luft war, wie bei diesem das Wasser, nicht allein Materie, sondern zugleich zeugende Kraft. — **eumque gigni** Hier liegt ein Irrtum Cic.'s vor. — **semper in motu** vielleicht ein platonischer Gedanke. — **quasi** diese Lehre ablehnend.

— **forma** „äußere (menschliche) Gestalt"; vgl. ‚non modo aliqua, sed pulcherrima specie esse deceat'. Welches sind also nach epikureischer Lehre hier wie auch im folgenden die Voraussetzungen für das Wesen der Gottheit? — **cum praesertim** = praesertim cum. — **non omne . . . consequatur** Welches ist demzufolge nach der epikureischen Lehre die
11 Voraussetzung für eine Unsterblichkeit? — **qui accepit ab Anaximene disciplinam** (s. phil. Verz.) ist nicht nachweisbar. — **primus . . . voluit** Damit widerspricht Vellejus der von ihm selbst vertretenen Ansicht von dem ‚deus' eines Thales oder eines Anaximenes. — **descriptio** s. phil. Verz. — **omnes res** (griech. πάντα τὰ ὄντα) alles Seiende. — **mentis infinitae** Attribut zu ‚vi atque ratione'. — **sensui iunctum et continentem** = cum sensu (Bewußtsein und Empfindung) coniunctum et continentem (Hendiadyoin). — **in infinito** „bei einem unendlichen, körperlosen Geist". Sein Wesen kann, so meint Veleius, von außen her, da es bei seiner Unendlichkeit kein Außen gibt, keinen Eindruck empfangen (**quo non ipsa natura pulsa sentiret**) und kann so auch keine Empfindung haben (**neque sensum omnino** erg. esse posse). — **si mentem istam quasi animal , , ,** Nach der epikureischen Lehre gehört zum ‚animal' ein Inneres, die ‚anima', nach der ein ‚animal' benannt ist, und ein Äußeres, ohne das es ein Inneres nicht geben kann, nämlich ein Körper; denn nur dieser kann Wahrnehmungen aufnehmen. Wenn also ‚mens' ein ‚animal'
27 ist, muß ‚mens' auch einen Körper besitzen. — **non placet** erg. Anaxagorae. — **aperta** Denn der Geist ist von keinem Körper bedeckt. — **simplex** Zum ‚animal' gehören Geist und Körper. — **nulla re** Gemeint ist der Körper. — **notio** s. phil. Verz. — **animum esse per naturam rerum omnem intentum et commeantem** eine das All durchdringende und durchströmende Weltseele, d. i. Gott. — **carperentur** und **distrac-**
28 **tione** sind ironisch zu verstehen. — **nihil nisi animus** d. h. ohne Körper; s. dazu § 26. — **mente adiuncta omne praeterea, quod esset infinitum, deum voluit esse** Danach hätte Xenophanes den Geist und das unendliche All voneinander unterschieden, zugleich aber miteinander verbunden und

dieses Gemeinsame Gott genannt; nach Xenophanes ist aber Gott mit dem Weltall identisch. — **ut ceteri** d. h. wie Thales und Anaxagoras. — **neque sentiens neque coniunctum** Das Unendliche kann nicht von außen angeregt werden, es kann also keine Empfindung haben (s. § 26); es ist auch nicht verbunden, da außerhalb davon nichts existiert. — **commenticium efficere** ersinnen. — **quiddam coronae similitudine** ein „kranzähnliches Etwas". — **Stephane** griech. Bezeichnung für ‚corona'. — **continentem ardore** (abl. qual.) **lucis orbem** = orbem lucidum. — **monstrum** hier: „absurde" Ansicht. — **multaque... monstra** erg. sunt. — **bellum, discordiam, cupiditatem** Gemeint sind die anziehenden und abstoßenden Naturkräfte, die Parmenides in seiner poetischen Sprache als πόλεμος, νεῖκος und στάσις bezeichnet. — **ceteraque generis eiusdem** Es kann sich hierbei nur um den ἔρως (= amor) handeln, den er oben nicht erwähnte. — **ad deum revocare** „auf die Gottheit zurückführen", d. h. als wirksame Äußerungen der Gottheit hinstellen. — **Eademque** erg. monstra
sunt eiusdem. — **in alio** erg. loco in § 27. — **in deorum** 12 29
opinione = in opinione de deis. — **labitur** = delabitur. — **natura** hier: „Element, Urstoff". Gemeint sind die vier Elemente Feuer, Wasser, Erde, Luft, die Empedokles sich beseelt vorstellte und mit mythischen Götternamen bezeichnete. — **sensu omni carere** vgl. § 26. — **qui sese negat . . .** Pr. leugnete grundsätzlich eine objektiv sichere Erkenntnis und eine allgemein gültige Wahrheit. — **sint, non sint** = utrum (dei) sint an non sint. — **quicquam** erg. certi. — **imagines earumque circuitus** = imagines circumeuntes. Imagines (griech. εἴδωλα) sind winzige Bilder, die nach Demokrit von den Gegenständen sich lösen und auf unsere Sinne treffen, wodurch Sinneswahrnehmungen veranlaßt werden. Daß Demokrit diese habe als göttliche Wesen bezeichnen können, zeigt ein Mißverstehen seiner materialistischen Lehre. — **nihil semper suo statu maneat** d. h. die Welt steht in einer immerwährenden Veränderung durch die Bewegung der Atome. — **opinionem eius** = opinionem de eo.

30 **inconsequentia** s. phil. Verz. — **in Timaeo** d. i. p. 28 C.
— **in legum libris** im 7. Buche, p. 821 A. — **anquirere** s.
phil. Verz. — **quale esse** s. phil. Verz. — **sine corpore ullo**
Umschreibung des in klassischer Zeit noch nicht gebräuch-
lichen ‚incorporeus‘. — **careat prudentia, careat voluptate**
nach Epikur Folgen der Körperlosigkeit. Klugheit kann
nur durch Erfahrung, Erfahrung aber nur durch Einwirkung
auf die Sinne gewonnen werden. Ähnlich verhält es sich mit
der Lust. — **notio** s. phil. Verz. — **mundum deum esse**
Timaios p. 34 B, 68 E u. 92 C. — **caelum, astra, terram**
de leg. VII p. 821 u. X. p. 896 f. — **animos** Timaios p. 41 C,
wo die Seelen als göttlich, nicht aber als Götter bezeichnet
werden. — **quos maiorum institutis accepimus** Timaios p.
40 D f. Plato leugnete nicht die Götter des Volksglaubens,
sondern erkannte ihre Existenz an. — **repugnans** inkonse-
31 quent. — **facere** (mit Part.) lassen. — **in iis . . .** Memo-
rabilia IV 3, 13. — **modo unum, tum autem plures deos**
ist richtig, aber Xenophon gebraucht den Singular nur
dann, wenn er von der Gottheit im allgemeinen spricht. —
13 32 **quibus ea** = in quibus (erratis) ea sunt. — **populares deos
multos, naturalem unum** d. h. es gibt nur einen wirklichen
Gott, den Weltschöpfer; die Existenz der Volksgötter aber
läßt Antisthenes ebenso wie Plato unangetastet; eine Reali-
tät kommt ihnen nicht zu. — **vim et naturam** (Hendiadyoin)
s. phil. Verz. — **subsequens** Speusipp folgte als Leiter der
Akademie seinem Onkel Plato. — **eamque** und zwar. —
animalem Weltseele. — **in tertio de philosophia libro** eine
33 nicht erhaltene Schrift. — **replicatione quadam** „durch eine
zu sich selbst zurückkehrende kreisförmige Bewegung“;
wahrscheinlich ist damit die ‚quinta natura‘(πέμπτη οὐσία)
gemeint oberhalb des Mondes, aus der die Gestirne gebildet
sind. — **caeli ardorem** ist wohl dasselbe wie ‚quinta natura‘.
— **Ubi deinde illi tot dei** erg. habitant. — **omni . . . pruden-
tia** vgl. § 30. — **se movens** Nach Aristoteles war die Gott-
heit das Prinzip, das alles bewegte, sich selbst aber nicht be-
wegte; daher ist das Pronomen ‚se‘ falsch, die Lehre des

Aristoteles ist nicht verstanden. — **genus** hier: Punkt, Lehre. 34
— **species** s. phil. Verz. — **stellae vagae** Planeten. — **ex
dispersis quasi membris** ,quasi' ist zu ,membris' hinzugesetzt,
weil die Gottheit keine Gestalt hat, also auch keine Glieder
haben kann. — **simplex** ist ironisch gemeint und dem ,disper-
sis' gegenübergestellt. — **refercire** (refercio, -fersi, -fertus)
vollstopfen (geringschätzig gesagt), erfüllen. — **errantes
stellae** = vagae stellae. — **referre in** rechnen unter. — **in-
constantia** s. phil. Verz. — **signum** s. § 22. — **auditor** s. 35
phil. Verz. — **natura** hier: die (bewußtlose) Naturkraft. —
ad vestros zu den stoischen Lehrern. — **eamque** bezieht sich 14 36
auf ,legem' und ist Subjekt, gemeint ist ,providentia' (griech.
πρόνοια) die Vorsehung — **animantem** (s. phil. Verz.) Miß-
verständnis des Epikureers. — **rationem quandam** doch
wohl dasselbe wie die eben genannte ,naturalis lex' („die
Vorsehung"). — **astris . . ., annis . . ., mensibus . . .** Dieses
Mißverständnis ist anscheinend durch die von Zenon ge-
gebene, allegorische Erklärung der Götter veranlaßt. — **He-
siodi theogoniam interpretatur** Es handelt sich hierbei nicht
um eine Kommentierung, sondern nur um eine Benutzung
der Schrift Hesiods zum Zwecke der allegorischen Erklärung
der Götter. — **perceptasque cognitiones** s. phil. Verz. —
per quandam significationem durch allegorische Erklärung.
— **ipsum mundum deum esse** stammt schon von Zenon (vgl. 37
§ 18). — **totius naturae menti atque animo** „Weltseele" Da
der ganze Kosmos von der Weltseele erfüllt ist, darf auch
die Welt Gott genannt werden. — **circumfusum** (medial)
umfließend, umgebend. — **ardor** s. phil. Verz. — **aether**
ist die Weltseele, was der Epikureer nicht erkennt. — **deli-
rare** (de lira esse) vom (üblichen) Wege abweichen, irre
werden, sein. — **formam et speciem** Hendiadyoin. — **in
animi notione** s. phil. Verz. — **in vestigio reponere** an einen
festen Platz stellen. — **auditor** s. phil. Verz. — **vitae cultus** 15 38
„die menschlichen Bedürfnisse" Gemeint sind u. a. Brot
(Ceres), Wein (Bacchus), Feuer (Vulcanus), Gesundheit
(Asclepius = Heilgott); vgl. II 60 ff. — **inventa** ist hier

Substantiv. — **Quo** ist abl. comp. zu ‚absurdius' und wird
durch ‚quam . . .' (Epexegese) noch einmal aufgenommen. —
39 **homines iam morte deletos . . .** vgl. II 62. — **quorum** gen.
obi. — **Iam vero** hervorhebend. — **vafer** gerissen (ist ebenso
wie die Bezeichnung ‚somnium' für seine Lehre geringschät-
zig). — **coniectura** s. phil. Verz. — **informare** s. phil. Verz.
— **cogitatione depingere** = coniectura informare. — **vim
divinam** die Weltseele. — **mundum deum esse** s. § 37. —
animi fusionem universam = animus per mundum univer-
sum fusus (medial). — **principatus** s. phil. Verz. — **eius
ipsius principatum . . .** nur ein anderer Ausdruck für die
Weltseele. — **fatalis vis et necessitas rerum futurarum**
(Hendiadyoin) griech. (εἱμαρμένη) das ewige Naturgesetz,
nach dem die Ereignisse auf Grund von Ursache und Wir-
kung sich notwendig ergeben; vgl. § 55. — **et eum** „und
zwar"; denn ‚ignis' wird durch ‚aether' näher erläutert. —
fluerent, manarent, continerentur Das Präsens ‚dicit' geht
voran! — **natura** von Natur aus; vgl. II 84. — **homines eos,
qui immortalitatem essent consecuti** Während die mensch-
liche Seele nach ihrem Tode im allgemeinen in die Welten-
seele aufgeht, behalten die Seelen hervorragender Menschen
bis zum Weltenbrande ihre persönliche Existenz bei; vgl. II
40 62. — **disputare** s. phil. Verz. — **Iovem** vgl. II 4 u. 65 f. —
Neptunum vgl. II 66 u. 71. — **Cererem** vgl. II 67 u. 71. —
41 **persequi** durchgehen, durchsprechen. — **Et . . . quidem**
schließt ab. — **haec** erg. scripta sunt. — **fabellas** Das De-
minutiv soll lächerlich machen „Ammenmärchen". — **conse-
quens** = sequens. — **ortum virginis** d. h. der Minerva, die
der Sage nach aus dem Haupte des Zeus geboren wurde. —
physiologia Naturkunde. — **traducere ad** beziehen auf.
16
42 **delirantium** s. § 37. — **somnia** s. § 36. — **inducere** auf-
treten lassen. — **odia, discidia, discordias . . .** Der Plural der
Abtrakta bezeichnet die konkreten Erscheinungen: „Beispiele,
Taten von Haß, Mord, Zwist" — **effusus** („ausschweifend")
wird noch gesteigert durch ‚in omni intemperantia'. —
43 **portenta** vgl. § 18. — **magus** persischer Priester. — **demen-**

tiam Aegyptiorum Gedacht ist an die Verehrung der heiligen Tiere. — **quae** bezieht sich sinngemäß auf ‚vulgi'. — **inconstantia** s. phil. Verz.

Fortsetzung der epikureischen Darlegung

consideret . . . debeat Potentialis. — **in eorum ipsorum**
(i. e. deorum) **numero** Epikur wurde von seinen Anhängern
abgöttisch verehrt; vgl. unten: caelesti . . . volumine. —
primum Fortsetzung im § 44 ‚illud etiam'. — **notio** s. phil.
Verz. — **anticipatio** s. phil. Verz. Epikur versteht darunter
Begriffe, die durch Einwirkungen (**informationes**) entstehen
und die den weiteren Denkarten zu Grunde liegen (sine
qua . . . potest). — **ratio** Auffassung, Anschauung. — **vis**
s. phil. Verz. — **ex illo . . . volumine** In diesem Werk (περὶ
κριτηρίου ἢ κανών) behandelte Epikur die Logik. — **iactum** 17 44
(hingeworfen) vor Augen liegend. — **ad unum omnes** alle
ohne Ausnahme. — **insitas . . . cognitiones** (s. phil. Verz.)
Die Vorstellungen können nach Epikur nicht von außen her
eingepflanzt sein, sondern sind in der Seele entstanden (**innatas**), nicht angeboren, da dies der Prolepsislehre widersprechen würde; vgl. II 12. — **omnium natura consentit** =
omnes consentiunt. — **fere** so ziemlich, wohl. — **philosophi**
— **indocti** s. § 5. — **praenotio** = anticipatio. — **habemus**
(statt ‚habere', durch die Parenthese veranlaßt) nimmt den
Gedanken wieder auf. — **informatio** Fähigkeit zu einer Vor- 45
stellung, Fähigkeit, sich vorstellen zu können. — **eadem**
s. § 24. — **sententiam exponere** den Lehrsatz aufstellen. —
nec habere . . . negotii quicquam nec exhibere (οὔτε πράγματα ἔχειν οὔτε παρέχειν) weder Aufgaben, Sorgen irgendwelcher Art haben noch bereiten. — **teneri** beherrscht werden.
— **quaerere** suchen, trachten nach. — **satis erat dictum** Der
Ind. bezeichnet die von dem bedingenden Satz nicht beeinflußte Wirklichkeit „so wäre . . ." — **habere venerationem
iustam** Anrecht auf Verehrung haben. — **metus . . . a vi**
Furcht (von seiten) vor . . . — **natura** Vorstellung vom
Wesen. — **segregari a** getrennt werden von, unvereinbar

sein mit. — **metus** Der Plur. eines Abstraktums wird konkret
gebraucht „Schrecken". — **anquirere** s. phil. Verz. — **vitae
actio** s. phil. Verz. — **mentis agitatio** s. phil. Verz. Der letzte
Satz gibt die Disposition für die folgende Erörterung.
18 46 **Ac . . . quidem** beginnt die Behandlung des Themas
„Also". — **admonere** Fingerzeige geben. — **docere** genaue
Aufklärung geben. — **omnes omnium gentium** Pleonasmus.
— **species . . . deorum** Vorstellung vom Aussehen d. G. —
occurrere entgegentreten. — **revocare ad** zurückführen auf.
47 — **primae notiones** = anticipationes (s. § 43). — **convenit**
es ist angemessen, natürlich. — **eandem** s. § 24. — **videri**
s. § 13. — **conformatio lineamentorum** die gleichmäßige
(schöne) Gestaltung der Gesichtszüge. — **humanā** (erg. figura
u. specie) abl. comp. — **Vos** die Stoiker (im Gegensatz zu
den Epikureern, die jede zweckvolle Schöpfung verwerfen).
— **Lucili** nämlich Balbus, der Wortführer der Stoiker. —
modo . . . modo scil. censet als Akademiker. — **artificium
. . . fabricamque** Hendiadyoin; s. § 19. — **effingere** bilden,
darstellen. — **usus** s. § 4. — **aptus** angepaßt, berechnet. —
48 **animans** s. phil. Verz. — **eā figurā** abl. qual. — **virtus sine
ratione** Nach Epikur heißt Tugend „vernünftig, ehrbar, und
gerecht leben". — **hominis . . . specie** (Gestalt) abl. qual.
49 — **quasi corpus** „eine Art von Körper", **quasi sanguinem**
„eine Art von Blut"; denn die Götter sind von feinerem
19 Stoff als die Welt. — **invenire** s. § 19. — **agnoscere** s. phil.
Verz. — **sic tractare ut manu** = so behandeln wie mit einer
Hand, geradezu mit Händen fassen. — **vis** s. phil. Verz. —
natura hier: Wesen. — **sensus** hier: Sinneswerkzeug. — **soliditas quaedam** „eine Art von Dichte" (nämlich der Atome).
Die festen Körper werden also wegen der Dichte ihrer Atome wahrgenommen; hier irrt Cic., da die Gegenstände nach
Epikur durch die von dem Gegenstand sich ablösenden Bilder
gesehen werden. — **ad numerum** „der Zahl nach". Gezählt
werden können nur Körper, d. h. feste Gegenstände, zu
denen ja die Götter nicht zählen. — **ut** wie z. B. — **imaginibus** (εἴδωλα) . . . **perceptis** durch Bilder, die wegen der
Ähnlichkeit (der Seele mit dem Wesen der Gottheit) und

durch das Überströmen (der Bilder von der Gottheit zu der Seele) zu erfassen sind, (so daß man also die Sinne nicht braucht). — **cumque** ‚-que' setzt das vorhergehende ‚primum' fort „sodann". — **infinita . . . species** Singular, weil die zahllosen Bilder nur e i n e Erscheinungsform geben. — **individuum** s. phil. Verz. Aus Atomen bestehen auch die Götter. — **exsistere** entstehen. — **affluat** scil. ad nostram mentem — **intellegentiam capere** (abhängig noch von ‚docet') „Erkenntnis, Vorstellung erlangen". Die von der Gottheit auf die Seele überströmenden Bilder bewirken den Vorbegriff (anticipatio), der den Geist zum Nachdenken anregt und zu Begriffen kommen läßt.

Summa (Von höchster Bedeutung) . . . **dignissima** prä- 50
dikativ. — **vis** s. phil. Verz. — **natura** hier: Naturgesetz. — **omnia omnibus** alles allen = immer. — **aequabilis tributio** s. phil. Verz. — **quae interimant** die Wesen, die . . . **quae conservent** die Kräfte, die . . . — **Et** = Etiam. — **soletis** s. zu ‚Vos' § 47. — **degatur aetas** bezieht sich auf die Beschäftigung im Leben. — **Ea** (= talis) **videlicet** scil. est vita. 51
— **Nihil . . . agit** scil. deus Man erwartete ‚agunt' auf Grund des vorhergehenden ‚vita deorum'. — **implicatus** (eingewickelt, eingespannt) bezeichnet das Unbequeme, **molitur** (moles) das Mühselige einer Tätigkeit. — **exploratum habere** die Gewißheit haben.

dixerimus Potentalis. — **laboriosus** geplagt. — **Sive . . . est** 20 52
nach stoischer Lehre; vgl. § 18. — **nullo . . . intermisso** ohne die geringste Unterbrechung, unaufhörlich. — **versari** (vertere) sich unaufhörlich wenden, drehen. — **rerum vicissitudines ordinesque** die ordnungsgemäß wiederkehrenden Wechsel der Naturerscheinungen. — **nē** (Versicherungspartikel) fürwahr.

animi securitas s. phil. Verz. — **natura** hier: (bewußtlose) 53
Naturkraft. — **fabrica** s. § 19. — **tamque . . . facilem** (Beachte die Stellung!) ebenso leicht. — **sollertia** (aus ‚sollus + ars' ganz kunstfertig) (erfinderische) Kunstfertigkeit, Verständigkeit. — **innumerabiles . . . mundos** Nach Epikurs Lehre

ist das All den Atomen und dem Raum nach unendlich und
damit auch die Zahl der Welten. — **mens** „(denkender) Geist
(νοῦς)“; er war bei der mechanischen Naturerklärung Epikurs
nicht vonnöten. — **explicare argumenti exitum** den Ausgang,
54 Knoten des Stückes entwirren, die tragische Verwicklung
lösen — **ut . . . ad deum** (der bekannte „deus ex machina“)
anakoluthisch statt ‚ut tr. t., cum . . possunt, confugiunt ad
deum, vos quoque . . confugitis‘ (ergänze: da auch ihr den
Knoten nicht lösen könnt). — **in omnes partes** abhängig von
‘interminatam’. — **regiones** Räume. — Beginne mit **‚in quam**
einen neuen Satz und mache ‚ut . . . tamen . . .‘ zum Haupt-
satz! — **se inicere** sich hineinversetzen. — **se intendere** sich
hineinspannen, hineinvertiefen. — **ita** gehört zu ‚peregrina-
tur‘ „auch noch so“ — **ora ultimi** (Gen. zur Bestimmung des
Begriffs) äußerster Rand. — **interiecto inani** Beachte ‚tamen‘!
Der Raum ist nach Epikur eine unendliche Leere. — **con-
tinuari** sich zusammenballen. — **follis** Blasebalg. — **incus,
-udis** Amboß. — **timeremus** (irrealis; nämlich wenn es ihn
gäbe) wir müßten fürchten. — **curiosus** (cura) besorgt,
sorgenreich. — **plenus negotii** arbeitsreich, dauernd tätig.
55 **ut** (konsekutiv) abhängig von ‚illa . . . necessitas‘ scil.
eiusmodi. — **ex aeterna veritate** weil das von Ewigkeit be-
stimmte Schicksal Wirklichkeit wird. — **causarum continua-
tio** s. phil. Verz. — **tamquam aniculis** Attribut zu ‚cui‘. —
et iis (s. § 4) **quidem** (steigernd) **indoctis** dazu noch den
unverständigsten. — **hariolus** (vgl. h a r u -spex) Wahrsager
(für Geld; daher geringschätzig behandelt). — **vates** Pro-
56 phet. — **coniector** (Vermuter) Traumdeuter. — **terrores**
(s. zu ‚metus‘ § 45) „Schreckgespenster“ (des Aberglaubens).
Die Befreiung von jeder Art Götterfurcht durch Epikur galt
bei den Epikureern als das größte Verdienst ihres Meisters.
— **pie . . . praestantem** Damit kommt Vellejus auf den
Anfang der Erörterung (habet venerationem . . . § 45) zu-
rück, in der er die Hauptgedanken der Schrift Epikurs
„Über die Frömmigkeit“ (περὶ εὐσεβείας) herausgestellt hat.
— **naturam** scil. deorum. — **elatus studio** (ziehe in den

Nebensatz!) vom Eifer emporgetragen, fortgerissen, in meiner Begeisterung (nämlich für die Sache Epikurs). — **quamquam . . . audiendi** trotzdem hätte ich nicht so sehr daran denken dürfen zu sprechen als zu hören.

B. Widerlegung seitens des Neuakademikers Cotta

Atqui (einen Vorwurf zurückweisend) Aber ganz im Ge- 21 57
genteil. — **sane** ganz gewiß. — **ex me quidem** schränkt ‚nihil' ein „jedenfalls von mir". — **Roges me . . .** und **Quaeras** potentiale Bedingungssätze; der zweite steht im Gegensatz zum ersten. „Solltest du mich etwa fragen . . . Solltest du aber fragen." — **minus** weniger, unwahrscheinlicher. — **aggredi ad** an etwas herangehen, beginnen mit. — **ad ea, quae**
. . . sunt und **quid sentiam** im D. substantivisch. — **de** 58
familiari illo tuo wie ‚illo' zeigt, allen Teilnehmern bekannt, uns heute unbekannt. — **videor** scil. mihi ich glaube, meine. — **togatis** (togati Togaträger = Römer. Gegensatz: Nichtrömer, insbesondere: Griechen) scil. Epicureis. — **benevolentia** wohlwollende, freundschaftliche Gesinnung. — **uberius id dicere** zu reich, zu ausführlich sprechen, übertreiben. — **sententiis . . . copiose** an Gedanken reich. — **verbis . . . ornate** in der Darstellung . . . geschmackvoll. — **quam . . . vestri** Die Epikureer legten auf die Form der Darstellung wenig
Wert. — **Zenonem** Gemeint ist Z. von Sidon, nicht der 59
Stoiker. — **coryphaeus** = princeps s. § 6. — **illa** jene S ä t z e. — **cum** bedingend. — **non . . . ille** scil. dixit. — **distincte** (farbenverschieden) klar, deutlich. — **graviter** wuchtig, nachdrücklich. — **ornate** s. § 58. — **usu** (Dat.!) **venire** zur Ausübung kommen, geschehen. — **ut moleste . . .** erklärt ‚idem' „nämlich daß". — **bonā veniā me audies** du wirst mir mein Wort nicht übelnehmen. — **levis** leicht, kindisch. — **ineptus** (Ggs.: aptus) läppisch (So freundlich Cotta anfing, so scharf
wird er jetzt). — **in physicis** Die Götterlehre ist ein Teil der 60
Naturlehre. — **citius** schneller, eher. — **dixerim** s. § 52. —

22 **Roges me** s. § 57. — **quid aut quale sit** s. phil. Verz. — **auctor** s. § 10. — **de quo cum** = qui, cum de eo. — **cetero-**
61 **qui** darüber hinaus. — **traditur** scil. esse. — **esset** trotz ‚dicit‘, weil Cic. nicht an die bestehende Überlieferung, sondern an Epikurs Aussprüche denkt.

LIBER SECUNDUS

Einführung

1
1 **Ne ego** s. I 52. — **qui . . . conatus sim** kausal. — **eodem** s. I 24. — **rhetor** hier: nicht Lehrer der Redekunst, sondern ein in der Rednerschule ausgebildeter Redner. Cotta galt als einer der besten Redner seiner Zeit. — **congredi** (im Streit) zusammenkommen, streiten. — **flumen verborum** Wortfluß, Redeschwall. — **subtilitas** Spitzfindigkeit. — **siccitas** Trockenheit, Nüchternheit. — **utraque re** als Philosoph und als Redner. — **corona** Zuhörerkreis (z. B. auf dem Forum). — **defuerunt** Denn sonst hätte er als ausgezeichneter Redner den Beifall der Zuhörer geerntet. — **ad ista** scil. dicam auch im D. mit Ellipse von „sprechen“ „darüber ein andermal“.

2 **Eundem** Beachte die Stellung! „Genauso“. — **dum . . . inducat** (konzessiv) wofern. — **errans** Gegensatz: stabilis — **vagus** Gegensatz: certus. — **quid sentias** im D. substantivisch.
3 — **initio** nämlich I 60. — **Quodsi** Wenn aber auch wirklich. — **aliquid, quod liqueret** etwas, was klar wäre, eine feste Überzeugung (die er als Akademiker nicht hat). — **dixissem** statt ‚dixerim‘ wegen ‚vellem‘. — **morem gerere** willfahren. — **longa . . . detracta oratio est** ein großer Teil . . . fällt weg. — **Omnino** Im allgemeinen. — **nostri** die Stoiker. — **istam** (Pron. d. 2. Pers.) . . . **quaestionem** diese deine Untersuchung (auf Cotta bezogen, der damit den Anfang gemacht hatte). — **sumere** vornehmen (um sie zu behandeln). — **maiora** zu umfangreich. — **otiosi** vgl. I 7.

Hauptteil

Der stoische Gottesbegriff

A. Beweise der Stoiker für das Dasein der Götter

numen s. I 3; vgl. unten: nutu regentem. — **Quod ni** analog zu ‚quodsi'. — **quī** s. I 25. — **Aspice . . .** Dieser Vers ist ein trochäischer katalektischer Tetrameter aus der Tragödie „Thyestes" des Ennius. — **sublime** (Adv.) in der Höhe. — **candens** (Neutr. des Partizips) Glanz. — **invocare** anrufen, verehren. — **illum vero** ja in der Tat. — **et Iovem . . .** (prädikativ). Die Bedeutung „Lichtgott" des Namens ‚Iovis' (aus ‚Diovis', vgl. dies) war den Römern bekannt. — **res** s. I 1. — **praesens** (im ursprünglichen Sinne) an der Spitze stehend, leitend. — **haud sane** ganz und gar nicht. 2 4

quī s. I 25. — **cognitum comprehensumque** (Hendiadyoin) **habere** die felsenfeste Überzeugung haben. — **inveterari** (vetus) alt werden, sich einwurzeln. — **extabescere** (tabes) sich gänzlich verzehren, verschwinden. — **excors** (cor) kopflos, einfältig. — **credebantur** scil. esse. — **Opinionis . . . commenta** (zu comminiscor, -mentus sum ausdenken) Erdichtetes, Hirngespinste. — **dies** hier: Zeit. — **religionum** (Gen. des Bereiches) **sanctitates** (zum Plur. s. I 45) gottesdienstliche Handlungen. — **in dies** von Tag zu Tag. — **maiores atque meliores** (prädikativ); doch vgl. § 9, wo Cic. sich über die Vernachlässigung der Religion beklagt. 5

Idque Dieser Glaube. — **et** = etiam. — **Tusculanum proelium** Schlacht auf dem Gebiete von Tuskulum. — **memoria** hier: Zeit. — **Persem victum** durch Aemilius Paulus bei Pydna i. J. 168. — **huius adulescentis** des allen bekannten Jünglings. (Gegen ihn hielt Cic. eine Rede). — **praefectura** eine Munizipalstadt (durch einen ‚praefectus iuri dicundo' von Rom aus verwaltet). — **quasi temere . . . locutus** wie ein übler politischer Schwätzer. — **consistere** sich einstellen, zutreffen, stimmen. — **vacatio** scil. munerum Steuerfreiheit. 6

— **Atque** (aus ‚ad + que') Dazu, ferner. — **auditam . . . eam pugnam** pugna auditur man hört von einer Schlacht. — **ludis** (abl. temp.) **Olympiae** während der Olympischen Spiele. — **quemvis non . . .** einen jeden, sofern er nicht etwa.

3 7 **praesensio** (praesentire vorher merken) Ahnung. — **ea** nicht ‚eas', weil ‚futura' Nom. Plur. von ‚rerum futurarum' ist. — **ex quo illa . . . dicuntur** daher spricht man bei jenen Vorgängen von. — **ostentum** (ostendere) Wunderzeichen (allg. Ausdruck), **monstrum** (von ‚monere' Mahnzeichen) meist naturwidriges, **portentum** (portendere hinstrecken, zeigen) grausiges und gefahrdrohendes, **prodigium** (aus ‚prodagium' (zu ‚aio') das Vorhersagen) bedeutungsvolles, glückverheißendes Vorzeichen. — **licentia fabularum** Freiheit bei den Erzählungen, dichterische Freiheit. — **Mopsum . . .** in freier Konstruktion statt ‚quae de Mopso . . . traduntur'. — **asciscere** annehmen, einführen. — **si res** (die Wirklichkeit) **repudiaret** scil. eos. — **comprobare** anerkennen. — **Nihil** s. I 20. — **pasci** fressen. — **esse** = edere. — **ipsi** dem Clau-
8 dius. — **Quid?** Ferner. — **religio** hier: religiöser Brauch. — **cum magno . . . vulnere** zu großem Schaden. — **eorum imperiis** (abl. temp.) in den Zeiten der Führung nur solcher Männer. — **volumus** Präs. trotz des folgenden Fut., da das Fut. I ‚reperiemur' rhetorisch (= reperimur) ist. — **nostra cum externis conferre** unsere Verhältnisse mit denen anderer
9 Völker vergleichen. — **lituus** Krummstab des Augurs. — **quo . . . terminavit** Navius, ein Schweinehirt, gelobte, als ein Schwein sich verlaufen hatte, den Göttern die schönste Traube. Als er das Schwein fand, teilte er den Weinberg mit dem Stab in vier Regionen, um mit Hilfe der Vögel die schönste Weintraube zu finden (also nicht das Schwein, wie Cic. hier erzählt). — **Hostilius** Irrtum Cic.'s. N. war Zeitgenosse des Tarquinius Priscus. — **nobilitatis** weil das Augurenkollegium sich aus dem Adel zusammensetzte. — **disciplina** hier: Kenntnis, Wissenschaft. — **veritas** der Wert der Wahrheit, der Glaube an die Wahrheit. — **species** äußerer Schein. — **partes** Angelegenheiten. — **contineri** c. abl. enthalten sein in,

beruhen auf. — **nullis auspiciis** ohne Auspicien. — **peremnia**
(aus ‚per + amnis') Auspizien beim Übergang über einen Fluß.
— **ex acuminibus** Die Deutung ist umstritten; man denkt an
die Funken, die Lanzenspitzen bisweilen sprühen (St. Elms-
feuer). — **vocantur** scil. in aciem. — **in procinctu** Während
der Feldherr vor der Schlacht Auspizien abhielt, benutzten
die in Kampfbereitschaft (in procinctu) aufgestellten Sol-
daten die Zeit, um ihren letzten Willen vor 3 oder 4
Kameraden zu erklären. Diese formlosen ‚testamenta ex
procinctu' hatten volle Rechtsgültigkeit. Sie fielen fort, als
die Feldherrn die Auspizien nicht mehr beachteten. (Der
ganze Satz paßt nicht recht in den Zusammenhang). —
auspicia ponere (= deponere) die Befugnis ablegen, Aus-
pizien anzustellen (die die Prätoren und Konsuln hatten).
— **quidam imperatores** die beiden Decier (Vater u. Sohn), 10
die der Sage nach durch ihren Opfertod den Sieg der Römer
herbeiführen. — **Atqui** Nun aber. — **Etruscorum haru-** 4
spicum Die Haruspizin stammte aus Etrurien, woher man
immer ihre Vertreter nach Rom kommen ließ. — **disciplina**
s. § 9. — **res** s. § 7. — **consul iterum** zum 2. Male Konsul. —
creare wählen lassen, die Wahl leiten. — **primus** (= pri-
mae centuriae) **rogator** Stimmenzähler der ersten (bevor-
zugten) Centurie (die zuerst abstimmte). — **ut eos** (= nomi-
na eorum) **rettulit** als er ihre Stimmen (dem Vorsitzenden)
mitteilte. — **in religionem venire** religiöse Bedenken erregen
— **ad senatum referre** (amtlicher Ausdruck) vor den S. (zur
Entscheidung) bringen. — **quos ad** (eine nicht selten vor-
kommende Umstellung beim Rel. Pron.) **soleret** = ad eos,
ad quos referri soleret d. h. an die zuständige Priesterschaft.
— **iustus** rechtmäßig. — **comitiorum rogator** „der leitende
Beamte der Wahlversammlung". Ihm oblag es, das Volk zu
fragen, wem es bei der Wahl die Stimme gebe, ob es ein
Gesetz annehme oder ablehne. — **Itane vero** Wirklich so? 11
Wieso? — **rogare** die Wahl leiten. — **auspicato** nach An-
stellung von Auspizien. — **Tusci** = Etrusci d. h. die ‚haru-
spices' vgl. § 10. — **ius tenere** sich das Recht vorbehalten. —

provincia Sardinien, wo er als Prokonsul war. — **collegium** scil. augurum dessen Mitglied Cic. war. — **libros** scil. augurales eine Zusammenstellung von Deutungen. — **vitio . . . consules esse** Um vor einer Wahlversammlung Auspizien abzuhalten, verließ der Augur das Weichbild der Stadt und wählte außerhalb des um die Stadtmauer gelegenen Mauerangers oder Zwingers (**pomerium**) einen Platz, auf dem ein Zelt aufgeschlagen wurde (**tabernaculum capere**). Doch bedurfte es beim Überschreiten dieses Angers zustimmender Zeichen. An diese aber hatte Gr. nicht gedacht, als er nach Abhaltung einer Senatssitzung ein zweites Mal den Anger überschritt; er hat also die Auspizien nicht ‚rite' abgehalten, und die Wahl der Konsuln war unter einem Formfehler verlaufen **(vitio creatos consules esse).** — **pomerium . . . intrare** das Stadtgebiet betreten. — Das kausale **quod** mache zum Hauptsatz! — **ad senatum** scil. referunt. — **senatus** scil. decrevit. — **haud sciam** (potential) **an** (hier: ohne Einfluß auf die Konstruktion) vielleicht, wohl. — **quod . . . posset** konzessiv. — **religio haeret** ein Religionsfrevel, Fluch bleibt haften. — **deponere** scil. maluerunt. — **punctum temporis** auch nur
12 einen Augenblick. — **Haec et innumerabilia** scil. exempla. — **esse** vorhanden sein. — **evenire** eintreffen. — **Ne aegri quidem quia . . . idcirco . . .** Weil nicht alle Kranken . . ., so folgert daraus nicht, daß . . . — **medicina** Adj. — **deorum natura** = dei. — **coniectura** Deutung. — **omnes omnium gentium** s .I 46. — **summa, ae** Hauptsache, Grundlage. — **innatum** naturgemäß entstanden (nicht angeboren, da die Stoiker ebensowenig wie die Epikureer [vgl. I 44] angeborene Begriffe annehmen). — **varium est** darüber geht die Ansicht auseinander.

5 13 **noster** scil. princeps (s. I 6). — **notio** s. phil. Verz. — **Primam** scil. causam. — **percipiuntur** scil. ab hominibus. — **caeli temperatio** die richtige Mischung des Klimas (Wech-
14 sel der Jahreszeiten). — **tertiam, quae terreret** ungenaue Ausdrucksweise; nicht die Veranlassung erschreckt die Menschen, sondern umgekehrt: die Schrecken veranlassen den Glauben

an die Götter: „der dritte ist der Schrecken, der auf die
Seele einwirkt". — **vastitas** Verwüstung. — **fremitus** unter-
irdisches Getöse. (Denke an die Vulkane Italiens!). — **quasi**
cruentus blutartig (Es war dies feiner, roter Wüstensand). —
labes (labi) Erdsturz. — **praeter naturam . . . portenta** un-
natürliche Mißgestalten bei Mensch und Vieh. — **faces . . .**
caelestes d. i. Meteore. — **stella cincinnata** gelockter, d. h.
Haarstern. — **nuper** ungenaue Zeitbestimmung, weil man
noch davon sprach. — **bellum Octavianum** s. Verz. d. Eig.
— **quo quidem anno . . .** und **quibus exterriti** mache zu
Hauptsätzen! — **P. Africanus** Minor. — **esse** als ob es von 15
einem ‚Cleanthes dixit' (s. § 13) abhängig wäre. — **eamque**
und zwar. — **vel** sogar. — **distinctio** (tingere benetzen, fär-
ben) Farbverschiedenheit. — **varietas** in Bezug auf Größe
und Wirkung. — **quarum rerum** Dinge, deren. — **ea** statt
‚eas' (s. § 7). — **Ut** Z. B. — **cum videat** schließe an den
‚si'-Satz an „und dort"! — **ratio** (von ‚reri' berechnen) Be-
rechnung, (planmäßige) Einrichtung. — **modus** geregelter
Betrieb. — **disciplina** hier: Zucht, Ordnung. — **ordines** Ord-
nungsfolge. — **nihil umquam** (stärker als ‚numquam') . . .
mentita sit scil. homines d. h. keines der von den Menschen
erkannten Gesetze hat sich trotz der gewaltigen Zeit, seit
der sie gelten, als falsch erwiesen, da die Naturereignisse
immer nach jenen Gesetzen eingetreten sind. **6**

dicit scil. ita. — **ut . . . videatur** Sinn: Obgleich Chry- 16
sippus die Existenz der Götter durch seinen Scharfsinn
nachweisen konnte, hat er sie aus der Ordnung des Weltalls
abgelesen. — **rerum natura** s. phil. Verz. — **Atqui** s. § 10.
— **Id autem, quid . . . dixeris** Wie könntest du wohl besser
bezeichnen? — **Etenim** Ferner. — **profecto** s. I 5. — **An vero** 17
beginnt einen neuen Beweis „Oder aber folgendes". —
mustela Wiesel (das als Haustier gehalten wurde). — **Tan-**
tum . . . terrarum ist aus dem Bedingungssatz herausgezogen
und zur Hervorhebung an den Anfang gestellt. — **ergo** ver-
binde mit dem Hauptsatz und übersetze diesen zuerst! —
res caelestes Himmelskörper. — **tantam vim et magnitudi-**

nem solch gewaltige Größe. — **supera** (superus obere, was
oben ist) . . . **meliora** scil. et omnia infera peiora. — **quam**
die noch dazu. — Ordne: **ut ob eam ipsam causam hoc . . .
evenerit, quod . . .** und mache einen Hauptsatz! — **hebetiora
ut** daß nämlich . . . — **propter caeli . . . naturam** wegen . . .
Beschaffenheit der Luftschicht (Atmosphäre). — **quod . . .**
18 mache zum Hauptsatz! „denn". — **sollertia** s. I 53. — **eam
quidem** s. I 4. — **existimare ex** schließen aus. — **apud
Xenophontem** Memorabilia Socratis I 4, 8. — **umorem . . .
spirabilem** abhängig von ‚unde habeamus'. — **viscera** nicht
nur Eingeweide (intestina), sondern alles außer Knochen und
Blut: „Fleisch". — **spirabilis** (atembar) luftartig. — **quod**
Kausalsatz statt a. c. i. — **ab umore** = ab aqua. — **spiritu**
7 **ducere** einatmen. — **pluribus verbis** scil. dicere. — **consilium**
Einsicht. — **cogitatio** s. phil. Verz. — **mundus** = deus s. I 18.
— **Atqui** s. § 10.
19 **Quid vero?** leitet eine Schlußfolgerung als selbstverständlich ein „Also". — **consentiens, conspirans, continuata cognatio** einhellige, einmütige, einheitliche Verwandtschaft, Ähnlichkeit. — **Possetne** Der bedingende Satz steht am Schluß des Abschnitts. — **horrere** in Kälte erstarrt liegen. — **rebus . . . se immutantibus** Gemeint sind die organischen Veränderungen der Gewächse aus dem Samen zur Frucht. — **accessus discessusque** die Annäherung (im Frühling) und Entfernung (im Herbst). — **solstitiis** (‚sol + statium' das Stillstehen) zur Zeit der Sommersonnenwende, **brumisque** (bruma = brevissima scil. dies) z. Zt. der Wintersonnenwende. — **cognoscere** verstehen, begreifen. — **aestus maritimi** die Gezeiten (Sie finden sich auch im Mittelmeer vor, besonders in den Meerengen). — **fretorum angustiae** wie ‚maritimi' Attribut zu ‚aestus' „des Meeres und der Meerenge". — **commovere** veranlassen. — **una . . . conversione** Mit den Sternen bewegt sich scheinbar der ganze Himmel. — **cursus** der (gesetzmäßige) Lauf. — **dispares** (konzessiv) „trotzdem sie ungleich sind". Gemeint sind die Planeten, die bei der Umdrehung des Himmels zwar immer einen anderen

Platz einnehmen, aber dennoch nach einem festen Gesetz. — **profecto** s. § 16. — **spiritus** Hauch, (nach stoischer Auffassung: das Feuer; daher: πνεῦμα ἔνθερμον (feuriger Hauch) oder πῦρ τεχνικόν (Urfeuer). — **Mundus** Das griech. Wort κόσμος bedeutet sowohl „Welt“ wie „Ordnung“; da die Ordnung einen Ordner verlangt, verlangt die Welt also einen Gott.

B. Die stufenweise Entwicklung in der Natur als Beweis für die Existenz Gottes

Audiamus Platonem Die Stelle, auf die sich Cicero be- 12 32
zieht, steht im Phaidros 245 C. Sie wurde von Cicero auch
übersetzt (Tusc. disp. I 53 ff.). — **quasi quendam** s. I 6. — **cui
placet** er glaubt, er lehrt. — **suum** Eigenbewegung. — **exter-
num** die Bewegung erfolgt durch Einwirkung von außen. —
quod ex se sua sponte moveatur (medial) dreifach ausge-
drückt; s. oben zu ‚suum‘. — **agitetur** = moveatur. — **pulsu
alieno** s. oben: externum. — **ponere** hier: annehmen (wahr-
scheinlich ist aber ‚esse‘ im Text zu streichen). — **ducere a**
ableiten von. — **mundi ardor** s. phil. Verz. — **sit** Cicero
konstruiert ‚necesse est‘ häufig mit dem Konj. — **efficitur**
wird bewiesen, geht hervor, folgt. — **Atque** (s. II 6) Dazu,
ferner. — **intellegentia** s. phil. Verz. — **natura** s. phil.
Verz. — **nostri** = hominum. — **minoris** und **pluris** gen.
pret. — **si a primis inchoatisque naturis . . . procedere** Die 33
Stoiker erklärten die Entwicklung der Natur als eine Stufen-
folge nach dem Grade der Beseelung: An unterster Stelle
befindet sich die Pflanzenwelt mit der ψυχὴ θρεπτική oder
φυσική, ihr folgt die Tierwelt, die auch die ψυχὴ αἰσθητική
besitzt, an oberster Stelle steht der Mensch mit seiner
ψυχὴ λογική. — **inchoatis** = imperfectis (s. phil. Verz.). —
a naturis, ad naturam, a natura Der Begriff ‚natura‘ hat hier
drei verschiedene Bedeutungen: der Plural ist konkret ge-
braucht „(Lebe)Wesen“, der Singular bedeutet zunächst
„Wesen(sbegriff)“, dann „die (zeugende) Natur“. — **Primo**
wird fortgesetzt in § 34 durch ‚autem‘. — **ea, quae gignantur**

e terra die Pflanzenwelt. — **quibus . . . amplius** Man er-
34 wartet: naturam autem iis nihil amplius tribuisse. — **dedit**
Subj.: natura. — **sensus** s. phil. Verz. — **appetitus** s. phil.
Verz. — **accessus - recessus** Zuneigung - Abneigung. —
homini erg. natura dedit. — **remittere - continere** (vom
Pferderennen entlehnt) (die Zügel) schießen lassen - an-
13 ziehen. — **Quartus gradus** Während die bisherigen Stufen
durch die Erfahrung deutlich werden, ist die letzte um der
Konsequenz willen angenommen, denn nur so gelangt man
zur vollkommensten Stufe. — **natura boni sapientesque** Die
Rechtschaffenheit und Weisheit des Menschen unterscheidet
sich darin von der der Gottheit, daß der Mensch diese
Tugenden wohl durch sein Streben erlangen kann (vgl. § 36
u. 39) die Gottheit aber sie von Anbeginn an ihr eigen nennt.
— **ratio recta constansque** die immer auf das Rechte zielen-
de, stets mit sich selbst in Übereinstimmung und nie in
Widerspruch mit sich stehende Vernunft. — **supra hominem**
35 = supra rationem hominis. — **deoque** erg. soli. — **rerum
institutio** Einrichtung der Welt. — **vis** erg. aliena. — **suo
quodam itinere** auf einem bestimmten, ihr eigenen Wege. —
fabrica Baukunst. — **habere quendam absoluti operis effec-
tum** eine gewisse Endgültigkeit, Vollendung erreichen. —
in omni natura = in mundo. — **ac** und zwar. — **absolvi ac
perfici** Hendiadyoin. — **ceteris naturis** = singulis partibus
naturae; Gegensatz: universa natura — **esse** „vorhanden
sein", obwohl die 4. Stufe aus der Erfahrung nicht erkannt
36 werden kann. — **quo** = ad quem. — **rerum omnium natura**
= universa natura. — **intellegens** s. phil. Verz. — **quidem**
bekräftigend. — **inscitius** s. phil. Verz. — **animans** s. phil.
Verz. — **Quī** s. I 25. — **stirps** hier: Pflanze. — **neque . . .
potius quam** nicht so sehr . . . als vielmehr. — **deterior
potius quam** Der zu ‚quam' gehörige komparativische Begriff
37 ist nicht ‚deterior', sondern ‚potius'. — **undique aptus** von
allen Seiten, in jeder Beziehung zweckmäßig. — **perfectum
expletumque** Hendiadyoin; s. phil. Verz. — **numerus** Glied,
Stück. — **Scite** s. § 36 inscitius. — **Chrysippus** erg. docet. —

involucrum (involvere) „Schutzhülle“ für den Schild, damit
dieser sich nicht durch Witterungseinflüsse verzieht. — **ali-
orum causa** Diese stoische Lehre beruht auf der anthropozen-
trischen Auffassung. — **imitandum** bezieht sich nicht auf die
künstlerische Nachahmung der Natur, sondern auf das Be-
streben des Menschen, die in der Welt waltende Vollkom-
menheit zu erreichen. — **perfectus undique** s. zu § 37 undique
aptus. — **Quī** s. I 25. — **Chrysippus** erg. dicit. — **similitudi-** 38
nes Gleichnisse. — **maturus** reif, ausgewachsen. — **efficitur** 39
. . . virtus im Gegensatz zu den Göttern, welche die ‚virtus‘
von Anbeginn und von Natur aus besitzen; s. § 34. —

D. Stoische Auffassung von den griechischen und römischen Gottheiten der Volksreligion.

23
naturae konkret „Gestalten“. — **non sine causa** Hierin 60
spricht sich eine Zustimmung der Stoiker aus, ohne daß sie
es unternehmen, Gründe für die Existenz dieser Gottheiten
anzuführen. Die allgemeine Anerkennung an sich genügt
ihnen schon. — **a Graeciae sapientissimis et a maioribus
nostris** Die Weisheit und die Einrichtungen der Vorfahren
werden den Lehren der griechischen Philosophen gleich-
gesetzt; vgl. § 71. — **Quidquid** . . . ein echt römischer Stand-
punkt; vgl. § 62. — **quod erat a deo natum** die Erzeugnisse,
die Gaben einer Gottheit. — **Terentii** Der folgende Teil eines
Senars ist ein altes römisches Sprichwort und steht in der
Komödie „Eunuchus“ Vs. 732. — **frigere** frieren, gering sein,
vgl. unser Sprichwort: „Die Liebe geht durch den Magen“.
— **dedicare** der Gottheit einen Tempel weihen. — **proxime**
ungenaue Zeitangabe: etwa um 108 v. Chr. Geb. — **conse-
crare** = dedicare. — **rerum** s. I 1. — **genus** Gruppe. — 61
vocabulum consecrare den Namen, die Bezeichnung zu gött-
lichen Ehren erheben. — **neque naturalium** Nach den Stoi-
kern gehört im Gegensatz zu den Epikureern die ‚voluptas‘
(ἡδονή) nicht zu den von der Natur geforderten Dingen.
— **naturam** erg. hominum. — **pulsare** (verb. frequent. zu

62 ,pellere') heftig in Bewegung setzen, tief erschüttern. — **Utilitates** (zum Plur. s. I 45) „Vorteile". — **quae vis . . . deo**
24 abhängig von ,declaratur'. — **suscipere** (den Glauben) einführen, aufkommen lassen. — **Hinc** (erg. colitur) Aus diesem Grunde. — **Liberum Semele** (Abl.) **natum** Gemeint ist Dionysos, der dem italischen Naturgott Liber gleichgesetzt wurde Dieser gilt dem Cicero als ein unter die Gottheiten erhobener Sterblicher. Von diesem unterscheidet er die im folgenden genannte alte Gottheit.

ex mysteriis Gemeint sind die eleusinischen Mysterien, bei denen neben Demeter und Kore (Persephone) auch Bakchos mit dem Kultnamen Iakchos verehrt wurde. — **servant** hier: „gilt für". — **in Libero non item** d. h. Wohl ist Libera (Kore) Tochter der Ceres, aber nicht Liber (Bakchos) ihr Sohn; wessen Sohn er wirklich ist, ist nicht bekannt. — **eundem** zugleich, auch. — **Quorum cum remanerent animi...** Nach der stoischen Lehre gehen die Seelen der Weisen nicht wie die der anderen Menschen im All auf, sondern behalten ihre individuelle Existenz bis zum Weltenbrande; vgl. I 39.
63 — **Physica ratio** Die Naturlehre. — **induti specie humana** Indem die Dichter in ihrer Phantasie die Erscheinungen der Natur nicht nur personifizierten, sondern darüber hinaus vermenschlichten, ergaben sich Stoffe **(fabulae)** für die Poesie. — **superstitio** der nicht „offizielle" Glaube, Aberglaube. — **refercire** s. I 34. — **post** = postea. — **exsecare**
64 entmannen. — **Physica ratio** eine Naturerkenntnis. — **non inelegans** „nicht unfein, richtig" steht im Gegensatz zu ,impias'. — **caelestem . . . igneam** der Äther; vgl. § 40. — **alterius** ist gen. obi. — **conversio** Umlauf (der Sonne von Wendekreis zu Wendekreis). — **spatiorum ac temporum** Hendiadyoin. — **saturare** „sättigen". Diese wie auch die meisten der folgenden Etymologien sind primitive Versuche. die Sache aus dem Wort zu erklären; sie sind wissenschaft-
25 lich nicht haltbar. — **Saturnus** (wohl zu ,serere') war ein latinischer Saatgott, Gemahl der Ops. — **comesse** altertümlich statt ,comedisse'. — **fingi** (mit n. c. i.) bei sich ersinnen. — **insaturabiliter** Neubildung Ciceros „unersättlich". —

immoderatus regellos. — **siderum vinculis** nämlich an den geregelten Lauf der Sterne. — **iuvans pater** richtig ist: Iuppiter aus * Djeu pater (vgl. dies: Himmel, Tag) „Vater des Himmels; Gott des himmlischen Lichtes“ — **conversis casibus** = casibus obliquis; nämlich Iovis, Iovi etc. — **divom** altertümlicher Genetiv. — **ante** = antea nicht zeitlich, sondern dem Werte nach. — Das Attribut **optimus** ist, wie die Erklärung zeigt, für den Stoiker am wichtigsten. — **Aspice ...** 65
Dieser und der folgende Vers sind trochäische Septenare. — **candens** = candorem. Dieser Vers entspricht am ehesten der Etymologie. — **exsecrari** weihen (sonst gewöhnlich im negativen Sinne „verfluchen“). — **quod in me est** Umschreibung für ‚me‘ ohne jede philosophische Bedeutung. — **hoc** bezieht sich als Erklärung auf ‚cui‘ „es ist das ...“ — **quid est** = quisquis deus est. — **augures nostri** erg. nuncupant. — **breviter** erg. dicit. — **Vides . . .** Aus welcher Tragödie diese Verse genommen sind, ist nicht bekannt. Die Übersetzung stammt wohl von Cicero selbst. — **divom** s. § 64. — **perhibere** nennen. — **Aër** „Die Atmosphäre“ im Gegensatz zum **26** 66
Äther (caelum). — **disputare** s. phil. Verz. — **consecrare** s. § 61. — **aetheris** d. h. mit Juppiter. — **effeminare** zu einem weiblichen Wesen machen. — **eum** ‚aër‘ ist männlichen Geschlechts. — **a iuvando** falsche Etymologie. Juno gehört wahrscheinlich zu ‚iun-ior‘ „die Jugendliche“. — **fabula** Mythus. — **altero** altertümliche Form. — **producere** ableiten. — **paulum . . . immutatis** typische Willkür der antiken Etymologie; vgl. § 67 casuque prima littera itidem immutata. — **dives** Diese Etymologie ist richtig. — **nuptam** erg. esse. — Περσεφόνη Cic. will sagen, daß das griechische Wort zu dem lat. ‚Proserpina‘ umgestaltet wurde. — **absconditamque quaeri** spielt auf die bekannte, auch von Ovid zweimal erzählte Geschichte von dem Raube der Proserpina durch Pluton an. — **fingere** s. § 64. — **a gerendis** falsche Etymologie. Ceres 67
gehört zur Wurzel *Ker- „wachsen, nähren“ und bedeutet „Göttin des Wachstum“. — **qui** und **quae** kausal. — **Mavors**

erg. consecratur; desgl. bei **Minerva.** Mars ist aus Mavors
kontrahiert; der erste Bestandteil ist unklar, der zweite
gehört zur Wurzel ‚*vert‘. — **Minerva** ist altitalisch und
wahrscheinlich etruskischen Ursprungs. — **voluerunt** erg.
27 maiores nostri. — **principem in sacrificando** Bei allen reli-
giösen Handlungen, bei denen man mehrere Götter anrief,
wurde von den Römern Ianus als Gott des Anfanges zuerst
genannt. — **ab eundo** Die Etymologie ist richtig. — **ducere**
s. § 66 producere. — **transitiones perviae** offene Durchgänge.
— **Vesta** Cicero will dasselbe sagen wie oben bei Περσεφόνη.
— **extrema est** Dieses ist sonst nicht überliefert. — **Penates**
68 Die folgende Etymologie ist richtig. — **Sol** = Licht, Glanz.
— **omnibus** erg. sideribus. — **Luna** (aus *luc = sna zu
‚lucere‘) richtige Deutung Ciceros. — **Lucina** „die ans Licht
Bringende“; Kultname der Iuno und der Diana als Geburts-
göttin. — **eamque** und zwar. — **Lucinam** Präd. Nom. —
omnivaga überall umherschweifend. — **vagantibus** erg. stellis
(Planeten). — **Diana** Die Etymologie ist unklar (aus * divia-
69 na entweder „die Göttliche“ oder „die zur Mondgöttin Divia
Gehörige“) — **adhibere** anflehen. — **ut plerumque** erg. fit. —
mensus hier in passiver Bedeutung. — **Mensis** gehört wahr-
scheinlich zur Wurzel ‚*me‘, wobei der Mond, wie Cicero
richtig sagt, der Zeitmesser ist. — **Concinne** (con + canere)
Treffend, auch: witzig. — **ut multa** erg. dixit. — **historia**
das Geschichtswerk des Timaios. — **veniret** Venus aus der
idg. Wurzel * ven- „wünschen, lieben“. — **ex venustate** erg.
ducta est.

28 70 **trahere ad** übertragen auf. — **commenticios et fictos**
Hendiadyoin. — **superstitiones** s. § 63 (zum Plur. s. I 45),
„Glaubensvorstellungen“. — **anilis** für alte Weiber eigen-
tümlich. — **noti sunt** ironisch gesagt. — **et** = etiam. —
perturbati animi s. perturbatio animi im phil. Verz. —
inducere vorstellen. — **fabulae** s. § 63. — **ferunt** = referunt.
— **apud Homerum** Ilias XX 67 ff. — **futilitas** Nichtigkeit,
Lächerlichkeit, Erbärmlichkeit. — **levitas** Nichtswürdigkeit.
71 — **spretis ac repudiatis** Beachte tamen! — **per naturam cuius-**

que rei = per naturam universam. — **idemque** und zu-
gleich. — **superstites** Die Bedeutungsentwicklung von ‚super- 72
stitio' zu „Aberglaube" ist umstritten; wahrscheinlich hat
sich die Grundbedeutung „Überlegenheit" über die Bedeu-
tung „Wahrsagen, Zauberkraft" zu „Aberglaube" entwickelt.
— **patere latius** eine Erweiterung der Bedeutung erfahren. —
ex relegendo Die Etymologie von ‚religio' ist noch nicht mit
Sicherheit geklärt. Nach Cicero stammt das Substantiv von
dem Verbum ‚religere' „von neuem in Gedanken durchgehen".
Ebenfalls aus der Antike stammt die Herleitung von dem
Verbum ‚relegare' „festbinden".

C. Beweise für die göttliche Weltregierung

providentia s. phil. Verz. — **sane** s. I 15. — **locus** Punkt. 29
— **a vestris** den Neuakademikern. — **vexare** angreifen. — 73
omne certamen est es geht der ganze Streit, die ganze Aus-
einandersetzung (um diesen Punkt). — **quemadmodum quid-
que dicatur** wie jeder Gegenstand (der Lehre) besprochen
wird. — **vestra** „nur eure Ansichten". Für die Epikureer
waren die Lehren ihres Meisters feste Glaubenssätze (vgl.
I 18), so daß sie sich um andere Lehren nicht kümmerten,
was man ihnen zum Vorwurf machte. — **causā incognitā**
ohne Untersuchung der Angelegenheit. — **hesterno die** ein
Versehen Ciceros, der an das 1. Buch denkt: die Unter-
redung aber fand an demselben Tage statt; vgl. II 94. —
anum fatidicam s. I 18. — **eo errore** in der irrigen Annah-
me. — **fingere** bilden, erdenken. — **dea singularis** Sonder-
gottheit. — **praecise** vorn abgeschnitten, kurz, der Kürze
wegen. — **Ut** = velut. — **illud** scil. vocabulum der Zusatz. 74
— **Areopagi** Der Areopag hatte zu jener Zeit größere Be-
deutung als im 5. Jhdt. — **arbitrato** Imp. Akt. (!) altertüm-
lich. Beachte die feierliche Form dieses und der folgenden
Imperative! — **sal** Salz, Witz. — **natio** Sippschaft (wie im D.
herabsetzend). — **decet** scil. vos. — **datum est** scil. vobis. —
Nec vero Aber erst recht nicht. — **convenire** zusammen-

kommen, -passen, denkbar sein. — **unum** (steigernd) besonders. — **urbanitas** städtisches, feines Benehmen. — **limare** feilen, schleifen. — **ista** verächtlich. — **insultare in** herumtanzen auf, verhöhnen. — **auctoritas** Würde. — **constituere** einrichten, ordnen (nicht „schaffen"; denn die Stoiker lehrten ebensowenig wie die anderen Philosophen, daß die Welt von
30 einer Gottheit geschaffen sei). — **fere** s. I 23. — **ducere a**
75 ableiten von. — **ratio** hier: Grundsatz. — **natura sentiens** eine mit Bewußtsein belebte Naturkraft. — **animantia principia** s. phil. Verz. — **ea** = omnes res.
76 **imagines** = simulacra. — **quodam pacto** „gewissermaßen". Während Demokrit den Göttern eine Wirkung auf die Welt nicht ganz abstreitet, sind die Götter Epikurs nur Schemen ohne Einfluß. — **eos aliquid agere** Dies leugneten eben die Epikureer vgl. I 2. — **idque** hebt das folgende Wort hervor. — **profecto** s. I 5. — **quale . . . cumque** Tmesis. — **necessitas** s. phil. Verz. — **vi magna** mit (nicht „durch") gewaltiger
77 Kraft. — **incitari** (medial) sich bewegen, walten. — **Non est** Es ist unmöglich, undenkbar. — **natura deorum** s. § 12. — **vel necessitati vel naturae** nähere Bestimmung zu ‚ei' „diesem Etwas, sei es . . . oder sei es . . ." — **Etenim** s. § 16. — **intellegens** s. phil. Verz. — **providentes** scil. eos esse. — **tueri** erhalten. — **sustinere et gerere** erhalten und leiten. — **At** Aber das ist nicht denkbar, denn. — **ignoratio rerum** ‚rerum' (charakteristisch für die lat. Sprache s. I 1) fällt im D weg — **cadere in** passen für — **efficere** = intellegere beweisen — **id quod volumus** unsere Behauptung.

31 **Atqui** s. § 10 — **ut profecto** (s. I 5) **sunt** nach des Stoi-
78 kers Meinung. — **conciliatio et societas** Gesellschaftsverband. — **unum mundum** Epikur nahm unzählige Welten
79 an; vgl. I 53. — **eadem...ratio** Nach stoischer Lehre besteht kein Unterschied in der Vernunft der Götter und der Weisen. — **quae est** d. h. — **consecrare et publice dedicare** zu Göttern erheben und öffentlich (in Heiligtümern) verehren. — **Quae** Diese Eigenschaften. — **qui** s. I 25. — **convenire** s. § 74. — **haec** s. eben ‚Quae. — **ab superis** „von oben". Es

ist an die Gestirne zu denken; vgl. § 17. — **in nobis . . . deos** bei uns schon . . . erst recht bei den Göttern. — **maiora** scil. quam nos (prädikativ) in noch weit höherem Maße. — **satis docuerimus** nämlich in § 14 ff. — **illustris** (lux) er- 80
laucht (= erleuchtet). — **vaga stella** Planet. — **inerrans st.** Fixstern. — **caelum** Äther. — **mundus ipse** die Welt an und für sich, als Ganzes, das gesamte Weltall. — **usus** s. I 4. — **efficitur** s. § 77. — **Ac . . . quidem** schließt einen Abschnitt ab „Damit also".

Sequitur, ut doceam Es folgt der Beweis (nach der Ein- 32
teilung in § 75). — **naturae** scil. sentienti; vgl. § 75. — 81
geri = regi. — **sine ratione** vernunftlos, blindwirkend. — **ordo** hier: Ordnungssinn. — **viā progredi** (auf einem festen Wege) planmäßig vorgehen (Lehre der Stoiker). — **quid... efficiat** Zweck. — **quid sequatur** Ziel. — **sollertia** s. I 53. — **Seminis enim . . .** Verbinde ‚quamquam sit perexiguum' mit ‚tantas' (gewaltig), zu dem es in konzessivem Verhältnis steht! Beginne mit ‚si' „wenn der Same" einen neuen Satz und mache den Konsekutivsatz ‚ut id ita fingat . . . genere' zum Hauptsatz! — **perexiguum** s. zu ‚perdifficilis' I 1. — **in concipientem comprehendentemque naturam** in den empfangenden und bergenden Schoß der Natur. — **stirpes** Wurzeln als Teil des Stammes. — **similia sui** seinesgleichen. — 82
inane s. phil. Verz. — **quaeque . . . accidant** alles, was an den Dingen geschieht (Akzidentien), (aber nicht notwendig zu ihrem Wesen gehört (Ingredienzien), wie Farbe, Gewicht usw.). — **non ita dicimus, ut glaebam** scil. naturā constare dicimus so meinen wir damit nicht etwa eine Erdscholle, so denken wir nicht an eine Erdscholle. — **nullā cohaerendi naturā** ohne eine in ihr wirksame Naturkraft eines organischen Zusammenhaltes, kurz: „Unorganisches". — **temeritas** Zufälligkeit. — **artis quaedam similitudo** „eine Art von Kunstmäßigkeit". Es wird also das organische Leben dem Unorganischen entgegengestellt. — **ea** (die Gewächse), **quae** 33 83
. . . continentur (erhalten werden) das Pflanzenreich. — **gravidare** befruchten. — **superus** s. § 17. — **naturae** hier:

Naturstoffe. — **exspiratio** Ausdünstung. — **tenetur** = continetur. — **ratio** hier: Erscheinung. — **sustinentur** = continentur. — **aër nobiscum videt** . . . da die Luft die Licht- und Schallwellen ausschickt und uns vermittelt. — **moveri** medial.
84 — **locum dare** Platz machen. — **in medium locum mundi** d. h. die Erde. — **infimus** insofern als die Welt Kugelgestalt hat und damit der Mittelpunkt auch der unterste ist. — **in superum** nach oben. — **conversio rotunda** kreisförmige Umdrehung. — **ferri** (medial) sich bewegen. — **continens... unaque natura** geschlossene, einheitliche Schöpfung. — **corpora** s. phil. Verz. — **vicissitudo** der wechselseitige Übergang ineinander. — **mundi . . . natura** = mundus vgl. § 12. — **continuari** in einem ununterbrochenen Zusammenhang stehen. — **naturae** hier: Elemente. — **sursum deorsum, ultro citro** (altertümliche, daher asyndetische Formeln) auf und
85 abwärts, hin und her. — **continere** s. § 83. — **ornatus** = mundus (griech. κόσμος) schöne Ordnung. — **Quorum . . . sit** Mag das eine oder andere zutreffen. — **sollertia** s. I 53. — **significare** erkennen lassen. — **sentiente natura** s. § 76. —
86 **Etenim** s. § 16. — **qui . . . contineat** kausal. — **continere** in sich enthalten. — **quī** s. I 25. — **ut, si** leitet ein erdachtes Beispiel ein. — **pubertas** Barthaar. — **ipsum . . . hominem**
34 s. ,mundus ipse' § 80. — **seminator et sator** (Hendiadyoin) die göttliche Einheit (λόγος σπερματικός = keimhafter Logos), die den Manifestationen der Gottheit in allen Phasen des Schöpfungsaktes zugrunde liegt. — **continere** s. § 83. — **mundum ipsum** s. § 80 Die Auffassung der Stoiker von der Welt ist also optimistisch. — **ex iis . . . naturis, quae erant**
87 aus den vorhandenen „Organismen". — **potuisse** scil. se. — **Quodsi** s. § 3. — **constituere** s. § 75. — **ad** s. I 1. — **fortuitane** (wie die Epikureer meinen, die ja eine ,natura sine ratione' (§ 81) annehmen) ,-ne' ist trotz ,utrum' an das betonte Wort angehängt, um es hervorzuheben. — **eo statu** (abl. qual.), **quo** so beschaffen, daß (wörtlich?). — **sensus** = natura sentiens. — **moderari** ordnen, leiten. — **quī** s. I 25. — **convenire** s. § 74. — **cursus navigii** fahrendes Schiff.

— **ratio** s. § 15. — **solarium vel discriptum** (durch Linien
eingeteilte) Sonnenuhr **vel ex aqua** (gewöhnlich ‚clepshydra') Wasseruhr. — **artes** (zum Plur. s. I 45) Kunstwerke. —
sphaera (gläserne oder eherne) Himmelskugel, sog. Plane- 88
tarium, das durch einen Mechanismus das Planetensystem und seine Bewegung veranschaulicht; besonders berühmt war das von Archimedes konstruierte Pl. — **conversio** Umdrehung. — **idem** dieselbe Erscheinung. — **in sole** bei der
Sonne. — **stellae errantes** s. § 80. — **barbaria** scil. terra. — 35
Hi die Epikureer. — **de mundo** hinsichtlich der Welt. — **necessitas** s. phil. Verz. — **praesertim cum** während doch. — **multis partibus** in vielen Beziehungen. — **illa** was nämlich die Natur hervorgebracht hat. — **simulare** (von ‚similis')
ähnlich machen, nachbilden. — **sollers** s. zu ‚sollertia' I 53. 89
— **Atqui** s. § 10. — **apud Accium** in der Tragödie „Medea"; die Verse sind jambische Senare. — **divinum** die Argo, an deren Bau Athene selbst mitgeholfen hatte und die nach ihrer Fahrt unter die Sterne versetzt worden war. — **vehiculum** nicht ‚navis', weil der Hirt den Begriff „Schiff" noch nicht kennt. — **moles** Masse, Ungetüm. (Der Hirt hielt die Argo für ein Lebewesen.) — **spiritus** Schnauben. — **Ruit prolapsa** Es rast vorstürmend dahin. — **pelagus** Akk. — **reflare** ausschnauben (wie ein Walfisch). — **dum . . . dum** (altertümlich) = tum . . . tum. — **interruptum nimbum** aufgerissene Regenwolke. — **volvier** = volvi (altertümliche Form). — **quod** = aliquod. — **sublime** s. § 4. — **expulsum** losgerissen. — **globosi turbines** geballte Wirbel. — **ictos** gepeitscht. — **concursare** hin und her treiben. — **Nisi** Wenn nicht etwa. — **quas** = aliquas. — **Pontus** Meeresgott. — **terrestres . . . strages** ein Unheil für das Land. — **conciere** herbeiführen. — **Aut forte** Oder etwa. — **fuscina** Dreizack. — **Subter radices** Unten auf dem Meeresgrund. — **cruere** herausschleudern. — **natura** Wesen. — **incitus** (stark bewegt) flink. — **perfremere** laut schnauben. — **melos** (griech. μέλος) Sang. —
auditus, ūs Klang. — **sensu vacuus** empfindungslos. — **quale** 90
sit id die Beschaffenheit dessen. — **finitus** abgegrenzt, gere-

gelt. — **ratis ordinibus** in wohlberechneter Ordnung. — **mo-
derata** (passivisch gebraucht) gelenkt (s. § 87). — **constantia**
36 Beständigkeit. — **munus** s. I 19. — **suspicari** ahnen. — **res**
hier: Erscheinungen.

91 **Principio** Zunächst (nicht zeitlich, sondern der Bedeutung
nach). — **in media parte** s. § 84. — **animabilis spirabilisque
natura** belebter und luftartiger Stoff. — **Graecum** scil. vo-
cabulum. — **illud quidem** s. I 4. — **percipere** übernehmen.
— **tritum** durch den Gebrauch abgerieben, gebräuchlich. —
pro Latino scil. vocabulo. — **Hunc** nämlich aëra. — **altissi-
mus** hoch oben befindlich. — **mutuari** (mutuus) ausleihen. —
interpretari übersetzen. — **Hoc . . .** Trochäischer Tetrameter
aus einem unbekannten Stück des Pacuvius. — **perhibere**
nennen. — **quasi . . . dicat** Da ein Grieche diese Worte
spricht, durfte er nicht seine Landsleute als ,nostri' bezeich-
nen und von den Griechen wie von Fremden reden, ferner
dürfte er nicht ,caelum', sondern müßte Uranos (οὐρανός)
sagen. — **At** Einwand gegen den Tadel Cic.'s. — **Si quidem
. . . non** Sehr richtig, wenn wir eben nicht. — **Graiugena**
(scil. est „Abkömmling der Griechen") . . . Jambischer Tri-
meter ebenfalls aus einem unbekannten Stück, vielleicht von
Orest gesprochen, als er im Taurerlande war. — **aperit . . .
92 oratio** die Sprache zeugt. — **flammae siderum** Flammen von
Gestirnen, glühende Gestirne. — **multis partibus** abl. men-
surae. — **mota** statt ,moti' auf ,sidera' bezogen. — **loco** von
der ihnen zugehörigen Stelle. — **conflagrare** Es gibt aber
noch eine zweite Möglichkeit; welche? — **a . . .** infolge. —
37 **moderatio et temperatio** Gleichmaß der Temperatur. — **mi-
93 rer** dubitativ. — **individuus** (in + dividere) (griech. ἄτομος)
unteilbar. — **vis et gravitas** Schwerkraft. — **concursione**
(Zusammentreffen) **fortuita** wie die Epikureer meinen. —
qui kondizional „wenn jemand". — **unius et viginti . . .
litterarum** Das lat. Alphabet hatte 21 Buchstaben, da y und
z unlateinisch sind und nicht zählten. — **vel aureae vel qua-
leslibet** aus Gold oder sonst einem Stoff. — **aliquo** scil.
modo. — **annales Ennii** ein episches Gedicht in vierzig

Büchern, das die Geschichte Roms bis zum Ende des 1. Pun.
Krieges behandelte. — **legere** in der ursprünglichen und
übertragenen Bedeutung zugleich „(von der Erde) auflesen
und lesen“. — **quod** (von ‚nescio‘ abhängig) fällt im D. weg.
— **nescio an ne . . . quidem** schwerlich. — **Isti** (verächtlich) 94
die Epikureer. — **quemadmodum asseverant** wie können sie
ernstlich behaupten. — **qualitas** Neubildung Cic.'s. Die Atome sind bis auf die Gestalt, Gewicht und Adhäsionsfähigkeit
qualitätslos. — **temere atque casu** (Hendiadyoin) absichtlich
dem Worte ‚mundus‘ „planmäßige Ordnung“ (s. § 19) entgegengestellt. — **Quodsi** s. § 3. — **effutire** (zu ‚fundere‘)
herausgießen, -plappern. — **qui locus est proximus** welcher
als nächster Punkt (nach der in § 75 angegebenen Disposition) zu behandeln ist. — **Aristoteles** Diese Stelle findet sich 95
in den von ihm erhaltenen Schriften nicht. — **Si essent** Löse
die Periode in kürzere Sätze auf: ‚Si essent . . .‘ „Nehmen
wir an, es gäbe Wesen“; ‚quae essent‘ „diese seien“; ‚nec
tamen . . .‘ „aber sie wären nie“ . . .; ‚patefactis . . . faucibus‘
(beiordnend) „es öffneten sich“; ‚cum . . . vidissent‘ „und sie
sähen . . .“ — **illustris** (lux) leuchtend, prächtig. — **qui beati
putantur** nämlich die Besitzenden, Reichen. — **supra terram**
an die Oberfläche der Erde. — **efficientia** s. phil. Verz. —
opacare beschatten. — **distinctum et ornatum** Hendiadyoin.
— **luminum varietas** Lichtwechsel. — **senescentis** = decrescentis. — **eorumque** d. i. astrorum. — **ratus** wohlberechnet,
festgesetzt. — **Atque . . . quidem** s. § 80. — **reviviscere** das
Leben wiedergewinnen. — **Quodsi** s. § 3. — **ex . . . tenebris** 38 96
nach der D. — **lucem** „Licht“ (im D. ohne Artikel), da dieses
ihnen bisher unbekannt war. — **quaenam . . . videretur** welchen Eindruck würde der Himmel auf uns machen. — **assiduitas** Beständigkeit, Einerlei, Wiederholung. — **ratio**
Grund. — **res** s. § 90. — **proinde quasi** gleich als ob. —
hominem prädikativ. — **conexa et apta** Hendiadyoin. — 97
quae quanto consilio was mit so großer Einsicht . . ., daß
wir . . . — **machinatio** Mechanismus. — **sphaera** s. § 88. —
hora (= horologium) Uhr. — **impetus** Umschwung. — **mo-**

veri vertique (medial) in Bewegung und Drehung sich be-
finden. — **constantissime** in höchster Beständigkeit. — **vicis-
situdines anniversariae** jährlich wiederkehrende Wechsel,
Wechsel der Jahreszeiten. — **res omnes** die ganze Welt. —
98 **remota subtilitate disputandi** ohne wissenschaftliche Ge-
nauigkeit. — **constitutas** s. § 75.
39 **in media sede** s. § 84. — **in sese . . . conglobata** durch das
Streben aller ihrer Teile nach dem Mittelpunkt (Schwer-
kraft) **(nutus)** zu einer Kugel zusammengeballt. — **insatia-
bilis** nicht sättigend, unerschöpflich. — **distingui** sich aus-
zeichnen, prangen. — **Adde huc** Beachte im folgenden die
poetische Sprache, die aus der Begeisterung des Sprechers
für seine Sache zu verstehen ist. — **fontium gelidas peren-
nitates** der Quellen kalte Unversiegbarkeit, die kühlen Quel-
len in ihrer Unversiegbarkeit (Übersetze die nächsten Aus-
99 drücke entsprechend!) — **cicur,** uris zahm. — **lapsus, ūs**
Gleiten, Fliegen (übersetze wie § 98!) — **silvestrium** scil.
animalium. — **cultor** Pfleger, Wärter. — **efferari** verwildern.
— **stirpium asperitas** wucherndes Gestrüpp. — **distinctus**
verschieden gefärbt; geschmückt. — **de divina ratione dubi-
tare** an der Existenz einer göttlichen Vernunft zweifeln. —
100 **At vero** Und weiter. — **species** Eindruck — **submersus** in
der Tiefe des Meeres lebend. — **fluitare** im Wasser treiben.
— **nativa testa** (angewachsene) eigene Schale (der Muschel).
— **terram appetens** im Drang nach dem Lande. — **alludere**
101 (spielend) heranplätschern. — **naturae** s. § 84. — **distingui**
sich (v e r s c h i e d e n) färben. — **fusus et extenuatus** ver-
flüchtigt und verdünnt. — **sublime** s. § 4. — **concretus** ver-
dichtet. — **augere** Gedeihen spenden. — **effluere** ausströmen.
— **sustinere** weil die Luft die Vögel in ihrem Flug **(volatus
alitum)** nicht zur Erde sinken läßt. — **spiritu ducere** ein-
40 atmen. — **a domiciliis nostris** von . . . aus. — **altissimus**
s. § 91. — **caeli complexus** Himmelsgewölbe. — **idem** s. I
24. — **ora** Rand. — **forma** Gestalt, Körper. — **cursum defi-
nire** die Bahn abgrenzen, beschreiben.

multis partibus s. § 92. — **volvi** medial. — **reversio** Rück- 102
lauf, Bahn. — **ab extremo** von dem äußersten Punkt aus (des
Südens und Nordens, d. i. der Sommer- und Wintersonnen-
wende). — **quarum in intervallo** in der Zwischenzeit,
zwischen diesen, während dieser Zeit. — **quasi . . . quadam**
s. I 6. — **tristia contrahere** in eine düstere Stimmung ver-
setzen. — **Luna . . . maior** Irrtum der Stoiker, da die Erde 103
49 mal größer ist als der Mond. — **spatia** Bahnen (nämlich
des Tierkreises). — **digrediens** scil. a sole. — **subiecta atque
opposita** unter und vor die Sonne tretend (natürlich von der
Erde aus gesehen, also in Konjunktion). — **e regione solis**
der Sonne gegenüber (d. h. in Opposition). — **interpositu
interiectuque** Hendiadyoin. — **deficere** hier: sich verfinstern.
— **vagas** s. § 80. — **ferri** hier: kreisen. — **incitari** — **retar-
dari** schneller — langsamer werden. — **insistere** stillstehen.
— **stellae inerrantes** s. § 80. — **quarum . . . est** denen ihre 104
Stellung so zugeordnet ist. — **nomen invenire** Namen er-
halten.

Quid vero? s. § 19. — **finitus** = definitus. — **accedere** 61 153
gelangen. — **e qua** Mache diesen und die folgenden Rel.-
Sätze zu Hauptsätzen! — **par et similis** vollkommen
gleich. — **deorum** = vitae deorum. — **nihil** s. I 120. — **per-
tinere** Einfluß haben (Es ist ein stoischer Grundsatz, daß der
Weise den Göttern in nichts nachsteht außer in der ewigen
Dauer der Glückseligkeit).

D. Beweis der besonderen Fürsorge der Götter für das Menschengeschlecht

aliquando endlich. — **perorare** die Rede zu Ende führen, 62 154
zum Schluß kommen. — **Principio** s. § 91. — **fructus** Nutz-
nießung. — **recte** mit Recht. — **deorum atque hominum** (gen.
poss.) scil. esse.

et spectaculum Cic. wollte anscheinend ‚et usum' hinzu- 155
fügen, da er über dieses Thema hier handelt. — **insatiabilis**
(aktivisch) was nicht sättigen kann, gewaltig. — **ad** s. I 1. —

ratio Planmäßigkeit. — **sollertia** (s. I 53) künstlerische Vollendung. — **maturitates temporum et varietates mutationesque** das rechtzeitige Eintreten dei Jahreszeiten und ihre
156 mannigfaltigen Veränderungen.

fetus (fecundus) fruchtbar, reich. — **legumen** Hülsenfrucht. — **quarum** bezieht sich auf ‚vitibus'. — **earumque**
63 ‚-que' drückt zuweilen den Gegensatz aus „vielmehr". —
157 158 **fides** Saite(ninstrument). — **familia** Hausgesinde.

rerum copiae Reichtum der Welt. — **nisi forte** ironisch, also negativ gemeint; daher ‚quin'. — **Tantumque abest, ut . . . ut . . . videamus** Weit entfernt, daß . . ., sehen wir vielmehr. — **afferre** leisten, bieten. — **villus** zottiges Haar, Wolle. (Schafsfleisch war bei den Römern nicht beliebt). — **conficere** zubereiten. — **quidem neque** = ne . . . quidem. — **potuissent** = possent. — **se** ungenau, als wäre ‚canes' Sub-
159 jekt. — **ipsa terga** schon der Rücken. — **subigere fissione** (findere spalten) **glebarum** durch das Aufreißen der Schollen bearbeiten, pflügen. — **vis** Leid. — **Ferrea . . .** Übersetzung aus den „Phainomena" des Aratus. — **fabricarier** s. zu ‚volvier' § 89. — **gustare** kosten, sich bedienen. — **viscera** Fleisch. — **scelus haberetur** vielfach bezeugt auch für Grie-
64 160 chenland. — **usus** s. I 4. — **quid habet** = affert s. § 158. — **esca** nämlich für die Menschen. — **putescere** faulen. — **Pronoea nostra Epicurea fuisse videatur** Unsere Pr. scheint Epikureerin gewesen zu sein. — **et alites et oscines** (aus ‚os' oder ‚obs + cano') Bei jenen wurde von den Auguren der Flug, bei diesen das Geschrei beobachtet. — **rerum auguran-**
161 **darum causa** zum Zwecke der Weissagung. — **immanis** unhold, gefährlich. — **ad similitudinem bellicae disciplinae** zu einer Art von Kriegskunst. — **condocefacere** abrichten. — **elicere** s. § 151. — **utilitates** (zum Plur. s. I 45) nützliche Eigenschaften. — **usus et periclitatio** praktischer Versuch. — **licet . . . lustrare** kondizional zu **cernes . . .** — **cursus, ūs**
65 m. Seefahrt. — **arripere** aufgreifen. — **vel** s. § 15. — **vati-**
162 163 **cinatio** Seherausspruch. — **portentum** s. § 7. — **ex . . . sen-**

tentia nach Wunsch. — **natura** hier: Naturanlage. — **Quae** Diese B e w e i s e. — **forte** = fortasse. — **conexa atque coniuncta** Hendiadyoin.

contrahere zusammenziehen, enger fassen. — **universitas** 164
Begriff der Gesamtheit. — **deducere** beschränken. — **qua-** 66
cumque in ora unter jedem Himmelsstrich. — **ab huiusce terrae . . . continuatione** = ab hac terra continenti. Derartige Erdteile (terrae), die, durch das Weltmeer getrennt, gleichsam wie große Inseln auf der Erde liegen, gab es nach der Anschauung der Alten vier: außer der, die wir bewohnen, d. h. Europa, Asien, Afrika (σύνοικοι) die der ἄντοικοι, περίοικοι und ἀντίποδες (vgl. Antipoden). — **colunt** = incolunt. — **quasi . . . quandam** s. I 6. — **ratio** Überlegung, 165
Grund. — **deorum saepe praesentia** (zum Plur. s. I 45) häu- 166
fige Göttererscheinungen. — **supra** nämlich in § 6. — **quod... intellegitur** s. § 150. — **significatio** Anzeichen. — **Multa** (Akk. d. Bez.) Vielfach. — **ostentum** s. § 7. — **notare** beobachten. — **Nec vero id** nämlich die Fürsorge der Götter 167
für die Menschen. — **Magna di . . . neglegunt** sprichwörtlich. — **Magnis . . . viris** = sapientibus v. — **prosperae** scil. sunt gehen gut aus. — **omnes res** insofern sie den stoischen Weisen, dem die Tugend allein zum Glück genügt, nicht berühren können. — **siquidem** wie ja auch. — **princeps** s. I 6. — **ubertates** (zum Plur. s. I 45) **virtutis** segensreiche Kräfte, Segnungen.

Schlußbemerkung

si me audias (potential) wenn du auf mich hörtest. — 67 168
causam agere aus dem Gerichtswesen. — **in utramque partem** das Für und Wider (was die Gewohnheit der Neuakademiker ist.) — **hanc** (Pron. d. 1. Per.) (scil. partem) . . . **sumere** meine Partei ergreifen. — **facultas disserendi** dialektische Gewandtheit. — **huc** (= in hanc partem) **conferre** meiner Seite zuwenden. — **ex animo** aus dem Herzen heraus, im Ernst.

LIBER TERTIUS

Einführung

1 1 **neque tam . . . quam** und zwar nicht so sehr . . . als
2 vielmehr. — **sentire** meinen, die Anschauung haben. — **ego**
3 **. . . vicissim** ich meinerseits. — **Sic mehercule** Ja, in der
Tat. — **ratio** hier: Verhältnis. — **Quī** (s. I 45) **tandem?**
Wieso denn? Inwiefern? — **non magnopere** nicht gerade mit
besonderer Tatkraft, besonders eifrig. — **invidia** s. I 3. —
4 **subire** sich zuziehen. — membris**que** aber doch . . . — **ludere** Spott treiben. — **natura** hier: Wesen. — **A Balbo**
abhängig von ‚dictum est'. — **non tam . . . quam** s. § 1. —
permittere überlassen, anheimstellen. — **accipere** hier: begreifen. — **sin me interrogare** scil. malis. — **peroraris** =
peroraveris von ‚perorare' zu Ende sprechen.
2 5 **de re, de me** scil. dicam. — **auctoritas** Persönlichkeit,
gewichtiger Rat. — **in perorando** am Ende der Rede. —
quod eo, credo, valebat das war doch wohl so gemeint. —
docti aut indocti s. I 5. — **movere** = amovere. — **eundemque** und zugleich. — **in illa oratione nobili** (= nota) gehalten gegen den Gesetzesvorschlag des Volkstribunen C.
Licinius Crassus, daß die Priester nicht von ihren Kollegen,
sondern vom Volke gewählt werden sollten. — **princeps**
s. I 6. — **ex portentis et monstris** s. II 7. — **Sibyllae interpretes** die ‚quindecimviri sacris faciundis', die die sibyllinischen Bücher verwalteten. — **monere** mahnend ansprechen.
6 — **placatio** Besänftigung, Versöhnung. — **Habes** Da hast
3 du es, Das ist es. — **nulla ratione . . . reddita** ohne eine Begründung zu geben. — **divisio** = partitio Einteilung, Gliederung. — **quid requiras** im D. substantivisch.

Hauptteil

Widerlegung der vierfachen Beweisführung des Balbus

A. Gründe gegen die Beweisführung für das Dasein der Götter

Primum quidque Immer das erste, alles der Reihe nach. 7
— **admodum** s. II 118. — **convenire inter** übereinstimmen, sich einig sein. — **esse deos** abhängig von ‚si id est primum'. — Ordne: **nihil** (tamen) . . . **doces, cur ita sit** (im D. substantivisch), **id ipsum, quod** . . . — **Quid est . . ., cur** Welches ist der Grund, daß . . . — **aggredi** in ursprünglicher Bedeutung. — **rudis . . . et integer** unwissender Neuling. —
Egone? scil. dicam Ich soll also sprechen? Nun also. — 8
Ordne: **primum illud** (scil. requiro), **quod . . . dixeris** (s. II 4) und mache den Fragesatz **cur . . . dixeris** unabhängig! — **quod . . . dixisses** konzessiv. — **iste** s. II 3. — **Quia** Ergänze: Ich tat das deswegen, weil. — **onerare** überladen, überhäufen. — **eam facultatem** die Gelegenheit dazu. — **conivēre** die Augen schließen. — **idem** derselbe Zweck.

videris s. I 17. — **elevare** leichter machen, schwächen. — **4** 9
subtilitas sermonis scharfsinnige Untersuchung. — **cum idem obtutus esset amborum** da beide Augen dasselbe Blickfeld haben. — **duo lumina . . . perforata** (‚perforare' durchlöchern) zwei Lichtöffnungen, die von der Seele zu den Augen führen. — **auctoritates** (s. I 10) Personen von Autorität, „Autoritäten". — **patere** von ‚pati'. — **memoriae mandare** sich merken.

C. Widerlegung der Annahme einer göttlichen Weltregierung

5
ea, quae sequuntur im D. substantivisch. — **fateri** beistimmen. 67

D. Widerlegung der Ansicht, daß die Götter den Menschen eine besondere Fürsorge widmen

69 **Videturne** Subjekt: Atreus. — **-ne** = nonne. — **scaena**
Theater. — **multo** ist vom Komparativ der Hervorhebung
wegen getrennt. — **forum** mit seinen Gerichtsverhandlungen.
— **curia** mit den Beschlüssen des Senates. — **campus** (scil.
Martius) mit seinen Volksversammlungen. — **socii, provinciae**
Diese hatten unter den Ungerechtigkeiten der röm.
Beamten schwer zu leiden. — **ut satius** (besser) **fuerit** Mache
den Konsekutivsatz zum Hauptsatz! — **haud scio an** vielleicht.
— **motum . . . celerem cogitationis** die schnelle Denkfähigkeit.
— **acumen** Scharfsinn. — **sollertia** (s. I 53) Schlauheit.
70 — **si . . . rationem** wie nämlich die Stoiker behaupten. —
28 **si modo** wenn überhaupt. — **Non placet** Es ist nicht anzunehmen.
— **locus** s. II 73. — **occurrere** begegnen. — **uterentur**
Zu erwarten wäre ‚utantur'; vgl. I 61. — **collatio**
Vergleich. — **vomica** Geschwür. — **is, qui . . . aperuit** Er
wollte also J. ermorden. — **ex eo, quod datur** Übersetze
diesen und die folgenden Relativsätze substantivisch! —
71 **Quae . . . libido, quae avaritia** Welche Handlung der Begehrlichkeit,
der Habsucht. — **sine . . . cogitatione** ohne
(geistige) Denktätigkeit. — **opinio** Wähnen, Überlegung.
Gedanke. — **ratio** s. II 15. — **si modo** s. § 70. — **relinquere**
nämlich durch Erbschaft. — **Quid . . . dedissent** Was hätten
sie . . . geben können. — **quae semina essent** wo gäbe es
29 Veranlassungen (wörtlich?). — **heroicus** aus der Heldenzeit.
— **inita subductaque ratione** (subducere rationem berechnen(
72 nach reiflicher Überlegung. — **levitates comicae** (zum Plur
s. I 45) die leichtfertigen Handlungen der Komödie. — **in
ratione versari** sich in der Vernunft bewegen. „wohl überlegt sein".

30
74 **Sessum ire** Zur Sitzung, Gerichtsverhandlung kommen, mit
der Sitzung beginnen. — **Quid** (scil. est), **ut iudicetur?** Was
liegt zur Verhandlung vor? — **Quid . . . incenderit** scil. iudicetur.
— **tabularium Archiv.** (Über die hier erwähnte Tatsache

wissen wir nichts Näheres.) — **splendidus** Nicht Sosius ist gemeint, sondern der Ritterstand „ein Mitglied des angesehenen Ritterstandes“. — **transscribere** fälschen. — **tabulae publicae** Staatslisten (der Zensoren). — **chirographum** Handschrift. — **sex primi** die Vorsteher des Stadtrates in den Munizipalstädten. — **sollers** (s. I 53) schlau. — **cognoscere** untersuchen. — **auri Tolosani** Der Konsul C. Servilius Cäpio raubte in Tolosa Gold aus den Tempeln und unterschlug es. — **coniurationis Iugurthinae** Jugurtha hatte röm. Senatoren bestochen. — **repetere** (ins Gedächtnis) zurückrufen. — **Tubuli** Bei einem Meuchelmordprozeß hatte T. sich bestechen lassen. — **de incestu** scil. quaestiones. Der Volkstribun S. Peducäus hatte gegen vestalische Jungfrauen, die ihr Keuschheitsgelübde gebrochen hatten, eine Untersuchung wegen Unzucht eingeleitet. — **cotidiana** die alltäglichen Gerichtsverfahren. — **sica** Meuchelmord. — **venenum** Giftmischerei. — **peculatus** Veruntreuung öffentlicher Gelder. — **testamenta** Testamentsfälschungen. — **lege nova** Gemeint ist das i. J. 81 von Sulla erlassene Gesetz ‚lex Cornelia de falsis‘ (Fälschungen), das sich auch mit Testamentsfälschungen befaßte, daher auch ‚testamentaria‘ genannt. — **actio** Klageformel. — **iudicia de fide mala** Prozesse wegen Veruntreuung in . . . — **tutela** (unredliche) Vormundschaft. — **mandatum** (nicht ausgeführter) Auftrag. — **pro socio** = societatis (nicht eingehaltene) Gesellschaftsverpflichtung. — **fiducia** Nichtauslieferung eines anvertrauten Pfandes (nach Erfüllung der geldlichen Verpflichtungen). — **reliqua** die sonstigen Verfahren. — **contra fidem** gegen Treu und Glauben. — **lex Plaetoria** s. Verz. d. Eig. — **everriculum** Kehrbesen. — **dolus malus** böswillige Täuschung. — **teneri** hier: vorliegen. — **ratio nocendi** die Fähigkeit zu
schaden. — **Utinam . . .** Eingangssenare aus der „Medea“ 75
des Ennius. — **accidissent** nämlich zum Bau der Argo. —
ad bonitatem um Gutes zu tun. — **urgere** betonen, Wert 31
legen. — **ridiculi** scil. essent. — **adhibere** (als Helfer) hin- 76
zuziehen. — **ista** nämlich ‚gravitas morbi‘ und ‚vis tem-

pestatum'. — **liberius** weil die Entschuldigungen, die die
Menschen anführen können, für die Götter nicht gelten. —
Eam = talem. — **dedisses** = dare debuisses. — **locus** hier:
77 Möglichkeit. — **relinquere** s. I 45. — **quī** s. I 25. — **Poeta-
rum ista** d. h. fabulae. — **rerum auctores** Gewährsmänner
von Tatsachen, der Wahrheit. — **di poetici** Götter der Dich-
ter. — **bene dictum** guter Lehrsatz. — **asotus** (ἄσωτος heillos)
Wüstling. — **acerbus** (Gegensatz: comis) Sauertopf, Gries-
gram (weil die stoische Lehre kompromißlos ist). — **prorsus**
verbinde mit ‚tacere' und übersetze zuerst den Hauptsatz!
— **qui audierunt** im D. substantivisch. — **convertere** hier:
78 umkehren, mißbrauchen. — **meracius** (scil. vinum) zu rein,
zu wenig gemischt. (Die Alten tranken den Wein mit Was-
ser gemischt.) — **vestra ista** (herabsetzend) . . . **providentia**
d. h. die stoische . . . (vgl. II 73 ff.). — **Utinam quidem!** scil.
esset Denn dann wäre die Widerlegung leicht. — **eius nomen**
= eam nämlich ‚providentiam'.

32 79 **Sed . . . quidem** = ac . . . quidem s. II 80. — **locus**
s. II 73. — **concludi** = claudi. — **stultitia . . . malum**
vgl. I 23. — **ex altera parte ponere** auf die andere Seite
stellen, gegenüberstellen (nämlich der Torheit). — **Ac nos
quidem** (s. II 80) scil. dicimus. — **conficere** zusammenfassen.
— **Nam si . . .** Katalektischer Oktonar aus der Tragödie
„Telamo" des Ennius. — **bene esse** gut gehen. — **abest** es
80 ist nicht so. — **Sin id minus** Andernfalls. — **efferre** zu Grabe
tragen. — **tollere** beseitigen, vernichten. — **texerunt** = pro-
texerunt. — **vetera** (prädikativ) alte Geschichten — **propiora**
Fälle aus näher liegender Zeit. — **idemque** s. I 24. — **spe-
81 cimen** Vorbild. — **ante** Adv. — **Dies** s. II 5. — **septimum
consul** zum 7. Male Konsul. — **regnare** (wie ein Tyrann)
herrschen.

33 **Prohiberi impedirique** Hendiadyoin. — **importunus** rück-
sichtslos, brutal. — **si** scil. periit. — **Quam multos** scil. an-
nos. — **flos** die blühendste, herrlichste Stadt. — **sustulit**
von ‚sufferre'. — **quidem** jedoch erst. — **excarnificare** zu
34 82 Tode martern. — **illacrimari** m. Dat. weinen über. — **Vi-**

desne s. zu ,Videturne' § 69. — **expilare** ausplündern. — 83
cursum tenere fahren. — **homo acutus** Schlaukopf. — **ad Peloponnesum** Irrtum Cic.'s; D. ist nie nach der Peloponnes gefahren; es gab auch anderenorts olympische Tempel. — **manubiae** Beuteertrag. — **cavillari** sich lustig machen, sich spöttisch äußern. — **bonorum deorum** Gen. des Besitzers. 84
— **Victoriolae** kleine Statuen von Siegesgöttinnen. — **praeco** (praedicere) Ausrufer, Versteigerer. — **pecuniam exigere** den Kaufbetrag eintreiben. — **a sacris** vom Tempelbesitz her, aus dem T. — **in suum . . . fanum** in das betreffende Heilig- 35
tum. — **tabescere** hinsiechen. — **atque** sondern. — **hereditatis loco** wie eine Erbschaft. — **locus** s. II 73. — **oratio** scil. mea. 85
— **auctoritas** hier: Berechtigung. — **recte videretur** scil. auctoritatem afferre peccandi. — **sine ulla divina ratione** ohne jede Annahme eines göttlichen Einwirkens. — **virtutis et vitiorum** abhängig von ,conscientiae'. — **pondus est** ein Schwergewicht liegt auf. — **iacēre** darniederliegen. — **ratio et disciplina** vernunftgemäße Anordnung. — **dissignare** einrichten. — **moderatio** Regierung. — **nulla** prädikativ.

At enim Doch ja. — **viticula** das Reislein des Weinstocks. 86
— **persequi** sich kümmern. — **uredo** Getreidebrand. — **animadvertere** achtgeben. — **de fundo** scil. amisso. — **Atque . . .** 36
quidem Jedenfalls. — **sic habere** es so halten, so meinen. — **referre** verdanken, zuschreiben. — **A vero** Andererseits aber. 87
— **fortuiti boni** (abhängig von ,aliud quippiam') = boni fortunae. — **assumere** vorbehalten. — **Herculi** als der Gottheit, 88
die Reichtum verleiht. Ihm wurde von den Römern der zehnte Teil des Gewinnes geweiht. — **Quamquam** Trotzdem, dagegen. — **quiddam novi** nämlich den pythagoreischen Lehrsatz. — **Quamvis licet** Pleonasmus. — **prosperitates** (zum Plur. s. I 45) Erfolge. — **dicebat** nämlich in § 83.

arripere aufgreifen. — **ratio** (vernünftiger) Grund. — 37 89
ἄθεος (atheos) . . . **dicitur** mit dem Beinamen „der Atheist". — **amicus** scil. dixisset. — **tabulae pictae** Votivtafeln mit den Namen der Geretteten und den Umständen der Rettung. — **Ita fit** Richtig. — **vectores** die Männer im Schiff. —

qui . . . recepissent kausal. — **ad . . . fortunam** s. I 1. —
90 **inquit** sagt man. — **Quid est simile?** Worin liegt die Ähn-
38 lichkeit? — **praetermittere** ein Versäumnis begehen. — **eam
vim** = talem vim. — **lator** Antragsteller. — **Quinam . . .**
Jambische Senare aus einer Pelopidentragödie des Accius.
— **Quinam . . . modus paretur?** Welches Maß denn . . . mag
. . ., wo wird wohl das Ende sein? — **internecio** Vernichtung.
— **quaenam . . . satias** (Sättigung) **supplici?** wo das Ziel
91 des Strafgerichts! — **portenta . . . et flagitia** schändliche Un-
geheuerlichkeiten; vgl. I 18. — **Neque enim . . ., non** Denn
nicht . . ., vielmehr. — **iambus** eigentlich Choliambus, dessen
Erfinder H. war. — **laedere** kränken. — **Archilochi versu** A.
galt als Erfinder des Jambus. Hipponax und Archilochos
geißelten ihre Gegner so bitter, daß diese sich aus Scham
das Leben nahmen. — **dolorem continere** Schmerz empfin-
den. — **conceptum** = acceptum. — **disciplina** hier: Ver-
fassung. — **ab Apolline** Von Apoll soll Lykurg unterrichtet
worden sein. — **Critolaus . . . Hasdrubal** Beide veranlaßten
den Ausbruch des Krieges und damit den Untergang ihrer
39 Vaterstadt. — **subvenire** Seltsam im Munde Cic.'s, der wie
92 alle Römer die Vernichtung Karthagos, wenn auch nicht Ko-
rinths, als gerecht empfand. Seine Quelle aber war der Aka-
demiker Klitomachos aus Karthago. — **potuit** scil. aliqui
deus. — **mente ipsa** nur durch den V. — **numen** s. I 3. —
aniliter in Altweiberart. — **physica constantique ratione** in
folgerichtiger Berechnung der Natur. — **Materia . . . rerum**
„Urstoff". Aus ihm gehen die vier Elemente hervor. — **flexi-
bilis** wandelbar. — **quamvis subito** wenn auch noch so plötz-
lich. — **fingere convertereque** bilden und umbilden. — **uni-
versae** scil. materiae. — **fictrix et moderatrix** Bildnerin und
Beherrscherin. — **se movere** sich auswirken.

93 **iidem** zugleich. — **persequi** s. § 86. — **tecum** scil. ago —
vota suscipere Gelübde ablegen. — **audire de** hören auf. —
Fac Nimm an. — **distentus** (von ‚distinere') völlig beschäf-
tigt. — **explicatus, ūs** Entfaltung, Lösung.

Schluß

finem scil. fecit. — **ratio** hier: Lehre. — **ista** (s. II 3) deine 46 94
Ansicht. — **pro aris et focis** sprichwörtlich. — **iudicare** s. phil.
Verz. — **Quippe . . . qui** Sicherlich, da er. — **ad** (in der vor- 95
letzten Zeile) s. I 1. — **veritatis similitudo** Wahrscheinlichkeit. — **propensus** (herabhängend) „hinneigend, näherkommend". Die letzte Bemerkung stimmt zwar mit der Lehre der neueren Akademie, deren Anhänger Cic. war, überein, da dieser sich nicht für eine Ansicht entscheidet, zeigt aber deutlich, daß Cic. der Stoa nähersteht; vgl. Einl. S. XIV.

Verzeichnis

der wichtigsten in dieser Schrift vorkommenden philosophischen Begriffe

Das große Verdienst Ciceros besteht darin, daß er die philosophischen Begriffe der Griechen für die Römer übersetzt und damit die Terminologie für die abendländische Philosophie geschaffen hat.

A

absolutus (τέλειος) vollkommen
actio vitae (βίος πρακτικός) praktisches Leben, Lebensweise
acumen Scharfsinn
aegritudo animi (λύπη) seelisches Leid, Kummer, Gram
aequabilis s. tributio
aequabilitas Gleichmut
agere (wissenschaftlich) behandeln
agitare (κινεῖν) bewegen
agitatio mentis geistige Tätigkeit, Regsamkeit
agnitio Erkenntnis (des Wesens eines Dinges)
agnitio animi Selbsterkenntnis
agnoscere als wahr anerkennen, begreifen
animabilis, animalis luftartig, belebt, beseelt
animans belebt, Subst. (lebendes, beseeltes) Wesen, Geschöpf
animus intellegens vernünftiger, denkender Geist
anquirere (wissenschaftlich) untersuchen, forschen
antegredi (προηγεῖσθαι) zugrunde liegen
anticipatio (πρόληψις) angeborene Idee, Vorbegriff
appetitus Trieb
aptus harmonisch, zweckmäßig
ardor (caelestis) (αἰθήρ) Feuerstoff, Äther
assensio s. cohibere
astrologia Astronomie
auditor (wissenschaftlicher) Hörer, Schüler

B

vir bonus ein ehrenwerter Mensch

C

caelum (αἰθήρ) Äther
causa (αἰτία) Realgrund, Ausgangspunkt
circumscriptio Umriß, Begrenzung, Umfang
cogitatio Denkvermögen, Theorie
cognitio (φρόνησις) Vorstellung
cognoscere verstehen, begreifen
(veri) cognitio Erkenntnis der Wahrheit, theoretische Tätigkeit, Forschung

cohibere assensionem (ἐπέχειν) mit der Zustimmung zurückhalten, auf eine klare Entscheidung verzichten
collocatio (καταχωρισμός) richtige Stellung, Stelle
commodum das Nützliche
comprehendere begreifen
commutabilis veränderlich
compensatio Ausgleich, (ausgleichende) Gegenüberstellung
complexus caeli Himmelsgewölbe
conformatio Gestaltung, Bildung
coniectura Vermutung, Vorstellung
coniuncta naturae (ὁμολογούμενα φύσει) dem Wesen der menschlichen Natur entsprechend, naturgemäß
consentaneum esse, sibi consentire mit sich übereinstimmen, folgerichtig sein, folgerichtig handeln
consequentia Folgeerscheinungen, Folgen
consilium Einsicht, Überlegung
constans charakterfest, folgerichtig
constantia Charakterfestigkeit, Gleichmäßigkeit, Folgerichtigkeit (im Handeln)
continentia Enthaltsamkeit, Selbstbeherrschung, Mäßigung
causarum continuatio nicht unterbrochene Kette von Ursachen
conversio Umdrehung
corpus Element
coryphaeus = princeps
cultus vitae Lebensbedürfnisse
cupiditas Trieb
cupiditas veri videndi Verlangen, das Wahre zu schauen, Forschungstrieb
cursus Lauf, Bahn

D

definire bestimmen, definieren
definire cursum die Bahn beschreiben
rerum delectus Auswahl der Dinge (nach ihrem Wert), Wertunterschied
descriptio Ordnung
dialectica Disputierkunst, Dialektik, Denklehre, Logik
disceptare (unter Zurückhaltung der eigenen Ansicht) das Für und Wider einer Sache abwägen
disciplina (philosophische) Schule, Lehrgebäude
discrepantia Widerspruch, Disharmonie
discrepare (in der wissenschaftlichen Ansicht) auseinandergehen, verschiedener Meinung sein
disputare (wissenschaftlich) untersuchen, abhandeln
disputatio (wissenschaftliche) Unterredung, Untersuchung, Abhandlung
disputator ein Philosoph, der wissenschaftliche Fragen in dialogischer Form behandelt
disserere (seine eigene Ansicht) vortragen, erörtern
dissidere = discrepare
dissignatio Bezeichnung, Plan
dissolubilis auflösbar
divinitas Göttlichkeit (eines Wesens)
divisio Einteilung, Gliederung
doctor (wissenschaftlicher) Lehrer

doctrina wissenschaftliche Bildung, Lehrgebäude
doctus (griechisch) gebildet

E

efficere beweisen
quod efficit Zweck
efficientia Wirksamkeit
eruditus 1. (τεχνικός) ausgebildet 2. (πεπαιδευμένος) gebildet
esse existieren, Existenz haben
explicatus Entfaltung, Lösung
exploratus erforscht, sicher, bestimmt

F

fabrica Schöpfung, Gestaltung
facultas disserendi dialektische Gewandheit
flexibilis wandelbar
fatalis vis = necessitas (s. d.)
fictrix Bildnerin, Gestalterin
finis (τέλος) Bestimmung, Definition, Zweck
forma (χαρακτήρ) Gepräge, Charakter, Begriff, Gestalt, Körper, Element, Gestaltungsprinzip

H

honestum das Ehrenhafte, das Sittlichgute

I

ignoratio Zustand der Unwissenheit
imago (εἴδωλον) Bild, Abbild
imperfectus (ἀτέλειος) unvollkommen
impulsus Antrieb, Trieb
inane leerer Raum, Leere
inanimus unbeseelt
inconsequentia Mangel an Folgerichtigkeit
inconstantia Widerspruch
incontinens eigennützig, nicht folgerichtig
individuum (ἄτομον) Atom
indoctus ungebildet
infinitum (ἄπειρον) das Unendliche
informare sich (im Geiste) vorstellen
informatio (geistige) Vorstellung
ingenium Naturanlage
innatus (ἔμφυτος) (von innen) entstanden (nicht: angeboren); Gegensatz: insitus
veri inquisitio atque investigatio Trieb nach Wahrheit, Forschungstrieb
inscientia (ἄγνοια) Nichtwissen (das zur Forschung treibt), Unkenntnis
inscitus (ἄφρων) unverständig, töricht
insitus (von außen) eingepflanzt. Gegensatz: innatus
institutio = institutum
institutum Grundsatz, Lebensregel
intellegens denkend, vernünftig
intellegentia Erkenntnisvermögen, Auffassungsgabe, Vorstellung, theoretisches Wissen, Begriff
intermundia (μετακόσμια) Räume zwischen den Welten, Zwischenwelträume
invenire (durch Forschung) finden
iudicare ein (entschiedenes) Urteil abgeben
iudicium (κριτήριον) Urteil

L

locus (τόπος) Gegenstand, Punkt (einer Untersuchung)

M

machinatio Mechanismus
mens (νοῦς) denkendes Wesen, Geist, Einsicht
mentis agitatio s. agitatio
moderatrix Leiterin
motus (κίνησις) Bewegung
movere (κινεῖν) bewegen
mundus (κόσμος) Weltall

N

natura (φύσις) Grund-, Urstoff, Element, Wesen, Naturgesetz, -kraft, -anlage, -trieb; Plur.: Wesen, Gestalten
rerum natura = mundus
naturalis natürlich, naturgemäß, wirklich
necessitas (ἀνάγκη) Unumgänglichkeit, Notwendigkeit, (die sich aus Ursache und Wirkung ergibt)
nota Kennzeichen, Kriterium
notio Vorstellung, Fassungskraft, Begriff
notio prima = anticipatio (s. d.)

O

opifex mundi (δημιουργός, ἀρχιτέκτων) Gott (als Schöpfer der Welt)
opinio praeiudicata vorgefaßte Meinung, Präjudiz, Vorurteil

P

percipere (mit Gewißheit) erkennen
perfectus (τέλειος) vollkommen
perturbatio animi (πάθος) Verwirrung der Seele, Leidenschaft
de (in) philosophia, philosophiae, philosophorum, philosophandi stehen für das im Lat. fehlende Adjektiv „philosophisch"
physica Naturlehre
physicus Natur-, physikalisch,
physiologia Naturphilosophie Subst. Naturphilosoph
praeceptio, praeceptum (theoretischer) Grundsatz, Lehre
praegressus Vorstufe, Entwicklung, Stufe der E.
praenotio = anticipatio (s. d.)
praesensio Ahnung
princeps (κορυφαῖος) hervorragender Vertreter (einer Schule), Meister
principatus (ἡγεμονικόν) Grund-, Urkraft
principium (ἀρχή) Ursprung, Urstoff, Grundstoff, Element, Grundlage
probabilis (πιθανός) wahrscheinlich, glaublich
pronoea = providentia
providentia (πρόνοια) Vorsehung
prudentia (φρόνησις) praktischer Verstand, Klugheit
pulsus Antrieb

Q

quaerere (wissenschaftlich) untersuchen, forschen
quaestio (πρόβλημα) (wissenschaftliche) Untersuchung, Stoff, Thema
quale est = natura Beschaffenheit, Wesen
qualitas (ποιότης) Beschaffenheit, Eigenschaft
quid est = vis (s. d.)

R

ratio (λόγος) Vernunft, Erkenntnisgrund, Urteilsfähigkeit, Erkenntnisvermögen, (philosophische) Anschauung, Methode, Lehre
regula (κανών) Richtschnur
repugnans inkonsequent
res (τὰ ὄντα) das Seiende, Welt
rotundus kreisförmig
rudis ungebildet

S

sapiens oft = philosophus
sapientia (σοφία) Philosophie
scientia rerum loco suo collocandarum = collocatio (s. d.)
scitus (σώφρων) verständig, vernünftig
animi securitas (εὐθυμία) Sorglosigkeit, (innerer) Friede, Gemütsruhe
sensus Sinneswahrnehmung, Bewußtsein, Empfindung
sententia Gedanke, Lehrsatz
sentire Bewußtsein besitzen
spatium Bahn
similitudo veritatis Wahrscheinlichkeit
soliditas Dichte
sollertia (geistige) Gewandtheit
species (äußere) Form, Körper
specimen Muster, Vorbild, Ideal
sphaera Kugel, Himmelsglobus, Kreisbahn
spirabilis atembar, luftartig
spiritus (πνεῦμα) Hauch, Geist
studium efficiendi Trieb, etw. zu schaffen
summa Grundlage

T

temeritas Leichtfertigkeit, Unüberlegtheit (im Urteil)
tributio aequabilis Gesetz der gleichen Verteilung

V

varietas luminum Lichtwechsel
virtus (ἀρετή) Tugend
vis (οὐσία) Bedeutung, Sinn, Begriff
vis et gravitas Schwerkraft
visus (φαντασία) Erscheinung, Anschauung, Vorstellung